12/03

El año que viene estamos en Cuba

Arte Público Press
Houston, Texas
1997

Esta edición ha sido subvencionada por el Fondo Nacional para las Artes (una agencia federal) y la Ciudad de Houston por medio del Consilio de Artes Culturales de Houston, Condado de Harris.

Recuperando el pasado, creando el futuro

Arte Público Press
University of Houston
452 Cullen Performance Hall
Houston, Texas 77204-2004

Diseño e ilustración de portada por Giovanni Mora

Pérez Firmat, Gustavo, 1949.
 [Next year in Cuba. Spanish]
 El año que viene estamos en Cuba /
 by Gustavo Pérez Firmat.
   p.   cm.
   ISBN 1-55885-212-3 (alk. paper)
   1. Pérez Firmat, Gustavo, 1949-
 —Childhood and youth. 2. Poets, American—20th
 century—Biography. 3. Cuban Americans—Social life and
 customs. 4. Cuban Americans—Biography.
 I. Title.
 [PS3566.E69138z47   1997]
 811'.54—dc21   97-25145
 [B]   CIP

⊛ El papel utilizado para esta edición cumple con los requisitos del Criterior Nacional Americano para la Permanencia de Papel Utilizado para Impresos Bibliotecarios.

2 3 4 5 6 7 8 9 0 1   10 9 8 7 6 5 4 3 2

El año que viene estamos en Cuba

Para Miriam y para David

Índice

Prefacio a la edición en español

Se dice que recordar es vivir. Para mí, recordar es volver a escribir. Por ello, este libro es un acto de fidelidad y de traición. Traición no sólo porque se escribió originalmente en inglés, sino porque se escribió *hacia* el inglés. Los capítulos que siguen narran mi deseo de descubrir o inventar un lugar donde plantarme, donde declarar de una vez por todas, "¡Aquí me quedo!" —y así poner fin a muchos años de vaivenes y vacilaciones. Como esos vaivenes han sido tanto espirituales como geográficos, el lenguaje en el cual se articula la búsqueda, las palabras que uso para ubicarme, forman parte del resultado de la travesía. Además de ser un vehículo, un idioma es también un lugar, y redactar este libro primero en inglés fue una manera de hurgar y hallar a la vez. El inglés era tanto ruta como destino. Menciono más adelante que a mi hijo David le gusta decir que él es cubano, pero que David afirma su cubanía en inglés. La versión en español de este libro incurre en una ironía complementaria: uso el español para afirmar mi pertenencia—difícil, dolorosa a veces, pero no por ello inauténtica—a la sociedad norteamericana: *Here I am!*

También sucede, sin embargo, que verter el libro al español es restituirlo a su idioma natal y a su cultura de origen. Y es así porque al salir en busca de un lugar en Estados Unidos, me he encontrado con Cuba. A pesar de que me gano la vida como profesor de literatura española e hispanoamericana, antes de escribir la versión inglesa de este libro nunca me había percatado de lo mucho que me hace falta el español. Aunque me hago la idea de que vivo en inglés, sigo dependiendo de formas de pensar y sentir que tienen poco o nada que ver con mi vida en Estados Unidos. Hace unos años hubo una película titulada *Back to the Future*. Para mí la redacción de este libro ha sido también una vuelta hacia el futuro —a la vez regreso y progreso. A veces para coger impulso hay que dar marcha atrás. Y ahora, al llevar a cabo esta traducción, vuelvo sobre mis pasos nuevamente, y clausuro así un ciclo de recuperación que inicié en inglés.

Es posible que a algunos lectores les parezca que todavía quedan en mi texto demasiadas palabras inglesas o giros norteamericanos. Pero borrar todas las huellas del inglés en la traducción—aun si fuera capaz de hacerlo— sería tan falso como haber borrado todas las huellas del español en el original. Para bien y para mal, existo en dos idiomas, y si el español me hace muchísima falta, no menos falta me hace el inglés. Hace años, en un contexto distinto, un gran escritor cubano, Juan Marinello, escribió una frase fundamental: "Somos a través de un idioma que es nuestro siendo extranjero." En mi caso, como en el de millones de otros hispanos residentes en este país, dos son los idiomas propios y ajenos: el español y el inglés. Mi destino —o mi desatino— es escribir inglés con acento cubano y escribir español con cierta inflexión Yanki. *So be it.*

Quisiera agradecerles a mis amigos Jorge Olivares, Isabel Álvarez Borland, Ricardo Castells y Alberto Hernández Chiroldes su lectura cuidadosa de las diversas versiones de este libro. Me complace pensar que, de cierto modo, *El año que viene estamos en Cuba* también les pertenece.

Introducción

Nacido en Cuba, *Made in the U.S.A.*

Lugares: hogares. Lugares comunes y hogares ajenos. Lugares donde vivo y hogares donde ya no podría vivir. Soy cubano, soy americano. Pertenezco a lo que se ha dado en llamar la generación "uno-y-medio," o sea, cubanos que nacieron en la isla y llegaron a los Estados Unidos cuando eran niños o adolescentes. Llegué a este país con mis padres y hermanos hace treinta y cuatro años, después del triunfo de la revolución castrista. Al pertenecer a la generación del medio —más de uno y menos de dos— soy muy viejo para ser completamente americano, pero demasiado joven para ser puramente cubano. Después de tantos años en Estados Unidos, me resulta difícil imaginar una vida al margen de la cultura norteamericana y del idioma inglés. Sin embargo, Cuba no deja de ser mi patria, mi lugar más mío, el que más ha moldeado mis creencias y querencias.

Para explicarme mejor, quiero remontarme unos años atrás y describir dos lugares muy distintos, pero que de alguna manera me definen.

En primer lugar, Miami. Corre julio de 1991 y los exiliados cubanos estamos alborotados. El desmoronamiento de la Unión Soviética nos ha devuelto la esperanza de ver la caída de la dictadura castrista. El gobernador de la Florida ha nombrado una comisión para planificar la repatriación ordenada de los exiliados; hay agencias de viajes que están reservando pasajes a Cuba; y diversas organizaciones del exilio se

preparan —con excesiva avidez quizás—para ocupar el poder
en un futuro gobierno. Muchos exiliados que habían descarta-
do la idea de volver a su patria han vuelto a creer en el regreso. Mi padre, que nunca dejó de creer, se pasa el tiempo
revisando la poca documentación que conserva sobre su negocio y sus propiedades en Cuba. Hace más de treinta años que
vive anhelando el momento del regreso, que por fin parece
avecinarse.

Como de costumbre, estoy en Miami de vacaciones. El
episodio culminante de mi estadía es un concierto de Willie
Chirino, cantante y compositor cubano. El concierto, cuyo
propósito es recaudar fondos para unas becas destinadas a
cubanos recién llegados, tiene lugar en el Dade County
Auditorium, que por su situación en la calle Flagler, corazón
de la Pequeña Habana, se ha convertido en uno de los locales
preferidos por los artistas exiliados. Con más de cuarenta años
de existencia, el "Dei Caunti" —como le decimos los cubanos—
está bastante destartalado. Las alfombras rojas han palideci-
do, y las butacas tapizadas padecen la viruela de las
quemaduras de cigarros. Pero esas muestras de deterioro no
logran opacar el brillo de este inmenso auditorio, que sigue
siendo un espacio mágico, un reino encantado. Durante los
primeros años del exilio, los artistas cubanos solían presentar
aquí espectáculos con títulos como "Cuba Canta y Baila" o "La
Cuba de Ayer." Estas funciones, que siempre empezaban y
concluían con el himno nacional cubano, un grito de guerra
que parecía una plegaria, nos llevaban de regreso a Cuba,
aunque sólo en nuestros sueños.

Desde entonces han pasado veinte o treinta años, pero el
viejo fervor no ha muerto. En los años setenta y ochenta,
cuando la dictadura castrista estaba sólidamente afianzada en
el poder, los cubanos exiliados seguíamos pensando en el
regreso, pero sin grandes esperanzas. Los presidentes
norteamericanos iban y venían, los dictadores hispanoameri-
canos subían y bajaban, y Fidel seguía en el poder. Pero
ahora, de repente, el mundo ha cambiado. La Unión Soviética

ha desaparecido, y los cubanos que vivimos fuera de la isla estamos convencidos de que nuestro largo exilio está llegando a su fin.

He ido al concierto con Mary Anne, mi esposa desde hace cinco meses, que es americana, no sabe una palabra de español y nunca antes había estado en Miami. Para ella, La Pequeña Habana entera es un reino encantado. Un marciano en Varadero no se sentiría tan fuera de lugar. El auditorio está repleto de exiliados de todas las edades. Nosotros estamos sentados en la sección del medio, hacia atrás, y toda la fila de adelante está ocupada por una extensa familia extendida —hijos, padres, abuelos, sobrinos, primos, tíos y tías. Tres generaciones de exiliados, y todos han venido a ver a Willie Chirino, cuyo apodo es Wilfredo el Mago, como si fuera el flautista de Hamelín de La Pequeña Habana. Puesto que el concierto se rige por hora cubana, la función empieza con cuarenta minutos de retraso, pero nadie se incomoda. La gente está contenta. Hay ambiente de fiesta. Por todas partes se ven relucientes relojes de oro, collares de perlas, aros y aretes. Los potentes perfumes de las mujeres embriagan cuando no marean. Sus larguísimas uñas parecen gotear sangre. Chirino por fin sale vestido con un traje de hilo blanco y una camiseta rosada. Una contundente mulata con un pañuelo blanco amarrado a la cabeza se acerca al escenario y le da algo—algún tipo de amuleto quizás. Chirino se inclina para tomarlo, le da un beso en la mejilla, y le dice al público con una sonrisa, "¡Uy, qué peligro!"

Entonces se pone a tocar su música alegre y pegajosa, mezclando ritmos cubanos con *riffs* americanos al estilo del sonido de Miami, que tiene alma de *rock* y corazón de bolero. Invita a la gente a dar pasos en los pasillos, y muchos se lanzan a bailar. En nuestra fila, una pareja ya mayor baila un enérgico guaguancó. El hombre se mueve como mi padre —las piernas de goma y las caderas en constante movimiento, como un oleaje que no cesa. Después de tocar más de una hora, Chirino por fin llega a su éxito más reciente, la canción que

todos hemos venido a escuchar, cuyas primeras notas provo-
can aplausos y vivas. Durante este verano delirante, la febril
anticipación de la caída de Fidel Castro ha inspirado varias
canciones, y la más popular es "Nuestro día ya viene llegando," una composición de Chirino que vaticina el final del régimen castrista. Hace semanas que esta melodía flota en el aire
como una brisa. Ya que todos nos sabemos la letra de memoria, cantamos al unísono con Chirino. La canción termina con
una lista de países que han alcanzado su libertad —Polonia,
Hungría, Rumanía, Czechoslovakia, Nicaragua. Cada vez que
Chirino exclama el nombre de un país, el público responde con
otro grito, "¡Libre!"

Todo el mundo en el auditorio se ha puesto de pie en su
afán de oír el último nombre en la lista —Cuba. Muchos
ondean pequeñas banderas cubanas. Cuando Chirino pronuncia el nombre de Cuba, la tierra que me vio nacer, la isla que
según Colón es el lugar más bello que ojos humanos hubieran
visto, el estruendo es ensordecedor. Hasta Mary Anne, que
nació en Nueva York y que nunca ha estado en Cuba, se deja
llevar por la emoción del momento y corea, "*Lee-bray, lee-bray,
lee-bray.*" Créanme, varios cientos de cubanos y por lo menos
una americana, todos gritando a todo pulmón, producen un
ruido descomunal. Pero esto no es sólo ruido—es un ruego, un
clamor, un quejido, un desahogo, un gemido de dolor y de alegría. Treinta años de espera, treinta años de esperanzas y fra-
casos, treinta años de falsas promesas y proyectos
fallidos—todo eso cabe dentro de las dos breves sílabas de la
palabra "libre." Para un americano, Cuba Libre tal vez no sea
más que el nombre de un trago, pero para nosotros la frase
resume la pasión y la razón de nuestras vidas. A la canción le
sigue el himno nacional cubano, como en los primeros tiempos
del exilio, y más gritos de "Cuba Libre."

Cuando salgo del concierto, estoy listo para comprarme
un pasaje para La Habana y llevarme a Mary Anne conmigo.
Me siento eufórico pero desorientado. Estoy agotado de gritar
y sentir. ¿Podría de veras suceder que Cuba pronto fuera

libre? ¿Podría yo, que he vivido en Estados Unidos mucho más tiempo que en Cuba, regresar a la ciudad de mi infancia? ¿Cumplirá mi padre la promesa de volver? ¿Se atendrá mi madre a su amenaza de no hacerlo? ¿Podremos recuperar nuestro hogar y nuestro negocio? ¿Podremos resumir vidas interrumpidas por media vida? Embargado por la emoción del momento, todas esas cosas me parecen no sólo posibles sino inevitables. Sí, es posible volver. Sí, estoy a punto de recuperar el hogar que dejé cuando era todavía un niño. Antes de marcharnos, Mary Anne compra un póster de Chirino y yo unas camisetas para mis hijos que dicen por delante, "Nuestro Día Ya Viene Llegando," y por detrás, "Cuba Libre 1992."

Varias semanas antes, durante el mismo verano de 1991, estoy en el Durham Athletic Park, un estadio de béisbol en Durham, Carolina del Norte, y lo que flota en el aire no es música cubana sino el ubicuo aroma de hojas de tabaco. A diferencia de la mayoría de mis vecinos americanos, a mí el olor me agrada. Criado en una familia de fumadores, me he pasado toda la vida alrededor de hombres que fuman puros continuamente. No obstante, sé bien que en todo este estado no hay suficiente tabaco para producir un solo habano, ni siquiera un pequeño habano. No importa. Aunque no siento por Carolina del Norte el mismo apego que por Miami, éste es mi hogar. Aquí nacieron mis hijos y los hijos de mi esposa; aquí están las únicas casas de las que he sido propietario; aquí ha transcurrido toda mi vida profesional. En realidad, he vivido en Chapel Hill más tiempo que en ninguna otra ciudad, sin excluir a La Habana o a Miami. Y si todos esos años no han hecho de mí un *redneck* cubano, *spic* y *hick* por partes iguales, sí han teñido mi manera de pensar y sentir. Estoy tan acostumbrado a esta vida que no sé si me adaptaría fácilmente a otra cosa. Ya no me extraño de vivir entre extraños.

Esta tarde me he puesto un par de bermudas y una camiseta sin mangas, he pasado a recoger a mis hijos para ir juntos al partido de lo que los cubanos llamamos "pelota." David y Miriam se pasan casi todo el juego de pie tras el *dugout* de primera base con guante y bolígrafo, ansiosos de atrapar una pelota o un autográfo, mientras que yo me entretengo mirando el juego y contemplando a los concurrentes. Me fascina estar aquí, en parte por el público que me rodea. Mujeres que en su vida diaria no pondrían un pie en la calle sin ajustador, parecen perder su recato en los juegos de los Durham Bulls. Y no sólo las jovencitas, sino mujeres de treinta o cuarenta años, acompañadas de maridos e hijos. Es un espectáculo sano y seductor. Aunque por lo general los americanos no suelen hacer alarde de su físico, a veces se exhiben con descuidada naturalidad. No como nosotros, que tenemos un concepto más teatral de la vida. Para estas americanas en las gradas, la sexualidad parece ser una sencilla realidad. Pero las cubanas que conozco cultivan su atractivo sexual con tanto arte como ardor. No sabría decir cuál actitud prefiero.

Antes del partido, el público se pone de pie para cantar el himno nacional americano. Se ve que estamos en Durham y no en Miami o Nueva York, porque hasta los peloteros cantan con animación. Al ver la bandera americana ondear en la distancia, me pongo la mano sobre el pecho y repito las palabras, como cualquier otro americano. Pese a que no aprendí la letra casi hasta la adolescencia, la digo con sentimiento y sinceridad, como si la conociera de toda la vida. Me conmueve estar cantando en coro con mis hijos, que no conocen más himno nacional que éste.

Durante el juego los niños corretean por las gradas, los vendedores sudorosos cargan grandes bandejas de rositas de maíz y dulce de algodón, y un policía alto y flaco aleja a la gente de la valla. Yo me levanto un par de veces para comprar cerveza e ir al baño. Aunque no le digo una palabra a nadie en toda la noche, no me siento solo. Estoy conectado con la gente,

donde reconozco algunas caras del trabajo o de mi barrio.
Cada vez que el equipo de casa anota una carrera, el toro de
cartón que está detrás de la cerca se ilumina, echa humo por
sus gigantescas narices y la cola le sube y le baja. Al verlo,
Miriam ruge de alegría. Y yo también. En la panza de la bes-
tia hay una frase que dice, con admirable parsimonia, *Hit Bull
Win Steak*. Se me ocurre que, en español, harían falta muchas
más sílabas para decir lo mismo: "Acierte al toro y gánese un
filete."

Durante el intermedio de la séptima entrada, los parro-
quianos cantan "Take Me Out To the Ball-Game." Me despere-
zo y canto con los demás, aunque no me sé bien la letra.
Sentado con mis hijos en los asientos baratos del estadio de los
Bulls, vestido con shorts y zapatos de tennis, con un vaso de
cerveza tibia en la mano, tengo la sensación de haberme
escapado de alguna canción de "Alabama," una banda que toca
música *country*. Rodeado de gente que habla con acento
sureño, se me olvida que por varias horas no he escuchado o
pronunciado una palabra de español. Esta noche mi condición
de exiliado no cuenta. Estar dónde estoy vale más que ser
quién soy: haber nacido en Cuba importa menos que estar
aquí con mis hijos, que no son exiliados, y que han hecho posible que Carolina del Norte se convierta en mi hogar. Salgo del
juego contento de formar parte de una comunidad de gente
que vive en su país de origen. Al regresar al carro con David y
Miriam, me siento arraigado, plantado, en mi lugar.

Pero ¿cómo es posible? ¿Cómo puedo sentirme a gusto en
Durham y Chapel Hill? ¿Estoy haciendo un papel o expresan-
do genuinamente mi manera de ser? ¿Es esto una pose o una
identidad? ¿Mi cara o mi máscara? Dentro de unas semanas
estaré en el Dade County Auditorium soñando y clamando en
cubano. Pero hoy me he pasado la noche rodeado de rubias y
rednecks, mirando a los peloteros y admirando a las mujeres.
¿Un pasaje para La Habana? Si regreso a mi tierra natal,
extrañaría los juegos de pelota en Durham, cantar "The Star-
Spangled Banner" con mis hijos, o pasarme la noche sin pen-

sar en Cuba. Estados Unidos no es mi patria, pero casi se ha
convertido en mi país.

Entonces: ¿Cuál de los dos lugares es mi auténtico lugar?
¿Dade County Auditorium o Durham Athletic Park? ¿Miami o
Durham? ¿Cuba o Estados Unidos? Este libro nace del deseo y
la necesidad de hallarles contesta a estas preguntas, o al
menos de entender un poco mejor por qué no puedo contestar-
las. A lo mejor yo soy una de esas personas que nunca tendrá
un sitio; pero me hace falta creer que no tener sitio no implica
carecer de lugar. Más acá o más allá de mis escindidas lealtades nacionales, alguien o algo persiste. Escribo para captar
y retener ese fondo duradero, intransferible. Escribo para
saber quién soy—aunque sea varias cosas a la vez: yo y *you* y
tú y *two*.

❧❧ ❧❧ ❧❧

Hace años los cubanos de Miami solían repartir a sus
compatriotas exiliados en dos bandos: aquéllos que podrían
volver a Cuba y aquéllos que no. De alguien que no podría
volver se decía, "ése no tiene regreso." La idea que motivaba
estos juicios justos o injustos (que variaban según los criterios
políticos del que los enunciaba) era excluir de la Cuba de
mañana a los batistianos acérrimos o a los fidelistas arrepen-
tidos.

Aunque mucho ha llovido desde esos buenos y malos tiempos, los cubanos residentes en Estados Unidos seguimos frente
a la misma disyuntiva: ¿tenemos regreso o no? Para mí al
menos, ya no es una pregunta política sino una interrogante
personal que cada uno ha de responder a su manera. En mi
caso, y por mucho que yo a veces quiera negarlo, me temo que
la respuesta ha de ser negativa —o sea, yo *no* tengo regreso. A
casi todos los inmigrantes y exiliados nos llega un momento
cuando empezamos a definirnos no por el lugar donde nacimos
sino por el lugar donde vivimos. Eso es lo que me ha sucedido
a mí. Regresar a Cuba para mí equivaldría a un segundo

exilio. Tendría que dejar mi trabajo, quizás abandonar a mis hijos, rehacer toda mi vida.

No obstante, el regreso sigue siendo para mí una tentación casi irresistible, un sueño tan insistente que se ha convertido en obsesión. Como miles de exiliados, me entretengo, me ilusiono y hasta me atormento pensando en el regreso. Quizás sí sería posible comenzar de nuevo. Quizás me engaño al creer que ya he vivido en este país demasiado tiempo. Aun después de tantos años, aun después de casas y carreras y matrimonios e hijos, Cuba me llama con la promesa de una vida nueva —*una* vida: no media vida o una vida y media. Escribo estas frases en agosto de 1994, cuando la situación política en Cuba parece estar en transición. La economía de la isla sigue en ruinas y el descontento público va en alza. El cinco de agosto miles de cubanos se lanzaron a las calles de La Habana para expresar su descontento con el régimen —la primera vez en muchísimos años que ocurre una manifestación así. A la vez, los balseros siguen llegando. Aunque nadie puede vaticinar qué va a pasar en Cuba, y aunque es un error subestimar la capacidad de resistencia de Castro, no cabe duda de que la dictadura ha entrado en sus fases finales.

Para cubanos americanos como yo, el cambio en Cuba acarreará alivio y perplejidad —será un alivio porque le pondrá punto final a una larga pesadilla histórica, pero nos dejará perplejos porque nos veremos obligados a abandonar maneras de pensar y sentir que nos han sostenido por más de treinta años. El destierro es sin duda desconcertante, pero después de tres décadas de exilio, la posibilidad de regreso puede ser más desconcertante aún. ¿Qué le sucede al exiliado que puede volver y decide no hacerlo? ¿En qué se convierte? ¿En un pos-exiliado, un ex-exiliado? Cuando el régimen de Castro desaparezca, vivir como cubano en Estados Unidos tal vez será más y no menos difícil. Hasta ahora hemos sido exiliados. Después de ese momento, tendremos que ser otra cosa. Por lo menos el exilio es una identidad (para algunos, ha sido también una carrera). Pero no queda del todo claro qué es lo que viene después del exilio si no es el regreso. Mi proyecto en este libro es desentrañar cómo puedo ser cubano en Estados Unidos cuando ya no pueda seguir considerándome exiliado. Escribo en anticipación del momento cuando tenga que decidir *no* regresar a Cuba.

El biculturalismo no es ni una bendición, como dicen algunos, ni una maldición, como dicen otros: es una contradicción. Biculturalistas de naturaleza, los miembros de la generación "uno y medio" ocupan una posición intermedia que los singulariza. Pero los singulariza al hacerlos plural, al convertirlos en hombres híbridos y mujeres múltiples. A mi padre, por ejemplo, no le queda más remedio (y más consuelo) que ser cubano. Sus treinta y tantos años de residencia en este país casi no han hecho mella en sus costumbres criollas. Domina el inglés algo mejor que cuando llegó, pero todavía siente hacia los americanos esa mezcla de incomprensión, admiración y desdén que siempre lo caracterizó. El hecho de que mi madre y todos sus hijos y nietos son ciudadanos americanos no parece haber disminuido su despego de la cultura de este país. Mi padre nunca será americano, y no le hablen de solicitar la ciudadanía, porque se enfada. A pesar de que dentro de unos años va a haber vivido más tiempo en Miami que en Marianao, sigue tan poco asimilado ahora como ese día de octubre en 1960 cuando se bajó del *ferry* en Cayo Hueso. Puede ser "residente permanente" de Estados Unidos, pero seguirá siendo ciudadano eterno de Cuba.

Mis hijos, que nacieron en este país de padres cubanos, y a quiénes he sometido a fuertes dosis de cubanía, son americanos por los cuatro costados. Igual que mi padre no puede ser "rescatado" de su cubanía, ellos no pueden ser "rescatados" de su americanidad. Aunque pertenecen a la denominada "Generación ABC" (*American-Born-Cubans*), son cubanos sólo en nombre, o mejor dicho, en apellido. Un mote más justo sería "Generación CBA" (*Cuban-Bred-Americans*), ya que ellos mantienen vínculos con Cuba, pero son vínculos forjados por las vivencias de sus padres y sus abuelos, y no por experiencia propia. Para David y Miriam, que actualmente tienen diez y trece años, la tierra donde yo nací es como el humo de los tabacos de su abuelo—ubicua pero impalpable.

Como mi padre, yo también fumo tabacos, pero en vez de comprarlos por caja en una tabaquería de Miami, los compro uno a uno en la tienda de un melenudo "tabaquista" de Chapel Hill. Si fumar tabacos es un índice de cubanía, soy cubano a medias, puesto que sólo fumo dos o tres veces a la semana después de la comida. Mientras mis hijos ven sus programas favoritos de televisión —*Step By Step* o *Seinfeld*— yo prendo mi Partagás y contemplo cómo mis raíces se desvanecen en el aire. Fumando espero —mas no sé bien qué. Si para mi padre Cuba es un peso pesado, y si para mis hijos es una ficción feliz, para mí Cuba es una posibilidad. Al estar arraigado tanto en Cuba como en Estados Unidos, pertenezco a un grupo de exiliados que podría genuinamente escoger si regresar o no. Mi padre no tiene esa opción porque, de cierta manera, nunca abandonó la isla. Él sueña con un regreso irrealizable, porque más que regreso es retroceso. Mis hijos tampoco pueden volver, porque no es posible regresar a un lugar donde nunca han vivido. A mi hijo le agrada decirles a sus amigos que él es cubano, pero David sólo puede afirmar su cubanía en inglés. Acuñados entre la primera y la segunda generación, aquéllos que pertenecen a la generación intermedia comparten la nostalgia de sus padres y el olvido de sus hijos. Para nosotros, volver es también irnos. Se nos ha llamado una generación puente; yo añadiría que con igual justeza se nos podría llamar una generación abismo.

Estas diferencias entre las diversas generaciones en mi familia me pesan y me apasionan. Quisiera buscarles solución de continuidad, poder afirmar que existen valores, actitudes, afectos, normas de conducta que trascienden desplazamientos y desarraigos. Para mí las cosas tienen sentido sólo cuando encuentro maneras de vincular a mis padres con mis hijos, y maneras de vincularme yo con ellos. Me hace falta creer que los segmentos generacionales pueden formar una línea continua, una línea que atravesara tanto el Dade County Auditorium como el Durham Athletic Park. Trazar la trayectoria de esa línea es el propósito de estas páginas.

Primera Parte

Decir adiós

Uno
El pasado es otro país

La Habana, 24 de octubre, 1960

Esa mañana mi madre nos despertó más temprano que de costumbre. Era día de colegio, pero no pensábamos ir. En el pasillo que daba a mi dormitorio, una larga fila de maletas llegaba hasta la puerta de entrada. Yo había viajado a Estados Unidos con mis padres varias veces, siempre tomando el *City of Havana*, el ferry que hacía la breve travesía entre La Habana y Cayo Hueso. Desde ahí solíamos tomar un tren hasta Crowley, un pueblo arrocero en el estado de Louisiana, donde mi padre tenía negocios. Al principio yo era el único de mis hermanos con edad suficiente para acompañar a mis padres; más tarde Pepe vino y la última vez Carlos también hizo el viaje. La única que no había estado antes en el norte era Mari, la más pequeña de la familia. Como siempre, me vestí esa mañana anticipando con placer el viaje en barco. Me gustaba despertar al día siguiente y ver los bancos de arena colocados a lo largo de la costa como si fueran almohadas.

Llegamos al muelle un par de horas antes de que el ferry zarpara. El lugar me era conocido, ya que el almacén de víveres de mi padre estaba cerca de allí. Mi Tía Cuca nos acompañó hasta el muelle donde mi padre se reunió con nosotros. La partida del ferry se demoró más de una hora porque en el último instante surgió algún problema con el pasaporte de mi padre; pero al fin el contratiempo quedó resuelto y poco después del mediodía el *City of Havana* empezó a alejarse de su embarcadero. Tía Cuca y otros familiares se despidieron desde el muelle. Pepe y yo llevábamos en las manos las pequeñas cajas de metal donde guardábamos el dinero que gastábamos en los viajes a Estados Unidos. La parte más divertida de estos viajes siempre era abastecernos de soldaditos, tanques y otros juguetes de guerra en el *Ten Cent* de Crowley.

Esta escena tuvo lugar cuando yo tenía once años; mis hermanos, Pepe y Carlos, tenían nueve y siete, respectivamente; y Mari acababa de cumplir cinco años. Aunque Fidel Castro llevaba menos de dos años en el poder, Cuba ya estaba encaminada hacia el totalitarismo. El hombre que iba a rescatar al pueblo cubano de décadas de gobiernos corruptos y autoritarios, se convertiría en el peor tirano de nuestra historia. Con la nacionalización de las compañías de servicios públicos, los bancos y las empresas norteamericanas, gran parte de la riqueza del país ya había pasado a manos del gobierno. Diez días antes, el 14 de octubre, el régimen había promulgado una ley confiscando los almacenes de víveres y otras empresas de propietarios cubanos. Varios días después de la intervención del almacén, mis padres decidieron abandonar el país. Para entonces casi 100,000 cubanos —muchos de ellos profesionales u hombres de negocios que habían perdido su trabajo o sus bienes— habían optado por el destierro. Cientos de miles más seguirían sus pasos. Para el 1973, casi una décima parte de la población de Cuba residiría fuera de la isla —per cápita, el éxodo mayor en la historia de Latinoamérica. Ese elevado porcentaje de exiliados ha permanecido constante hasta hoy en día. Hace años había un chiste que preguntaba por qué Cuba era el país más grande del mundo. La respuesta: porque tenía su territorio en el Caribe, sus gobernantes en Moscú y su población en Miami.

Aunque en octubre de 1960 el gobierno cubano permitía sacar del país sólo sesenta dólares, mi padre tenía algún dinero en una cuenta de banco en Nueva York, y pensaba que esa cantidad nos daría para vivir hasta que el régimen de Castro se desplomara. En las elecciones presidenciales de ese otoño, tanto el Senador Kennedy como el Vicepresidente Nixon habían adoptado fuertes posturas anti-castristas. De hecho, Kennedy se había declarado a favor de una acción militar contra el gobierno de Castro. No hubiera sido la primera vez que los americanos intervinieran en Cuba, con más o menos justificación. En 1898, al concluirse la guerra entre los españoles y los americanos, el General Rufus Shafter, comandante en jefe de las tropas norteamericanas en Cuba, pronunció una frase hiriente pero profética: "Permitir que los cubanos se gobiernen es cómo almacenar pólvora en el infierno." Tristemente, la historia de la Cuba republicana ha confirmado su vaticinio.

Mis padres pensaban permanecer en Estados Unidos hasta que se cayera Fidel. Ningún gobernante cubano había durado en el poder más de unos cuantos años. ¿Por qué no iba a suceder lo mismo con Castro? En poco tiempo los cubanos se hartarían de la Revolución o los Marines desembarcarían en el Malecón. Entonces nosotros y los demás exiliados podríamos regresar a nuestra patria. Mi padre volvería a su almacén, mi madre volvería a su casa y a la rutina de los bautizos y cumpleaños, mis hermanos y yo regresaríamos a nuestras escuelas y a nuestras "tatas" o niñeras. Nuestras vidas retomarían su curso normal.

No sucedió así. Nos fuimos, pero no volvimos. Mi padre, Gustavo, que tenía cuarenta años en 1960, todavía sueña con recuperar su almacén. Mi madre, Nena, que le lleva un año, todavía se queja de que en Cuba nunca tuvo que fregar pisos y limpiar inodoros, aunque dice que nunca piensa regresar a ese país de ladrones y asesinos. Y nosotros—los hijos de Nena y Gustavo—todavía estamos tratando de comprender el impacto que el exilio ha tenido sobre nuestras vidas.

He rememorado nuestra partida de Cuba cientos, quizás miles de veces. He soñado con ella, he elaborado fantasías, he comparado recuerdos con mis padres y mis hermanos. En mis sueños nocturnos y diurnos, la escena ocurre tal y como la he descrito, salvo un detalle. A medida que el ferry se retira lentamente de su embarcadero, miro hacia el muelle y veo a un niño que me dice adiós. Tiene mi edad, o quizás uno o dos años menos, y está vestido con una camiseta de franjas horizontales y pantalones cortos que le llegan casi hasta las rodillas. No se le ven las medias porque tiene puestas botas de vaquero, y está pelado a la malanga, con un engominado mechón de pelo sobre la frente. A juzgar por su aspecto se trata de un muchacho de buena familia, un niño de su casa.

Al mirarlo, me doy cuenta de que ese niño soy yo. En mi fantasía, habito dos lugares a la vez. Estoy en el muelle y estoy en el ferry. Desde el muelle, me puedo ver en la cubierta del ferry, despidiéndome y empequeñeciendo más y más, hasta que la figura que queda es como un revolotear de alas. Desde el ferry, me puedo ver en el muelle, despidiéndome y empequeñeciendo más y más, hasta que la figura que queda es como un revolotear de alas. En la última imagen de la fantasía me encuentro en el ferry, con las manos agarradas a la barandilla, mirando al niño que fui, al niño que ya no era, que se desvanece poco a poco. Al final, el único niño es el que viaja en el ferry, que se adentra en alta mar.

Más de tres décadas después, la distancia entre el niño que fui y el hombre que soy me parece insalvable. Tengo cuarenta y cuatro años, soy profesor en una universidad norteamericana, y escribo este libro desde mi hogar en Chapel Hill, Carolina del Norte. Igual que mis hermanos, soy ciudadano norteamericano. No he vuelto a Cuba desde ese día, y tal vez nunca lo haré. Mi esposa es americana y mis dos hijos entienden el español pero casi no saben hablarlo. Cuando era niño, soñaba con asistir a Annapolis y convertirme en marinero, pero sin duda mi futuro real era el almacén, como lo fue para mi padre y para mi abuelo. En mi familia de comerciantes y tenderos, nadie había sido profesor universitario. Hasta hoy mis padres no saben bien qué es lo que hace un profesor de literatura.

¿Qué guardo en común con ese niño que quería ir a Annapolis? Me gustaría pensar que yo surgí de ese niño, aunque quizás sea más cierto que divergí de él. Quisiera afirmar que yo crecí "de" él, como crece un árbol de sus raíces. Así se expresaría en inglés, un idioma que hace posible diversos tipos de crecimiento. En español se crece y punto; pero en inglés el verbo admite diversos matices, según el adverbio con el cual se combine: *grow up* es crecer; *grow old* es envejecer; *grow fond* es encariñarse; *grow distant* es distanciarse. En inglés, acostumbrarse a algo es permitir que "crezca" dentro de nosotros; y las flores no se cultivan, "se crecen." Se puede crecer hacia dentro, *ingrow*; hacia afuera, *outgrow*; hacia adelante, *grow out of*; y hasta se puede crecer hacia atrás o volver a crecer, *grow back*. Sí, el idioma inglés nos permite crecer en todos los sentidos.

La paradoja de volver a crecer, de un crecimiento que es también una recuperación, capta la relación que deseo entablar con ese niño que quedó en el muelle. Quisiera dejar que crezca dentro de mí hasta convertirnos nuevamente en el mismo ser. El exilio es una mutilación. El exiliado abandona no sólo su patria y sus posesiones sino parte de sí. Sobre todo si es muy joven, pues entonces se destierra antes de alcanzar una identidad duradera y estable. Igual que cierta gente al perder un brazo o una pierna continúa sintiendo escozor o dolor en el miembro ausente, el exiliado padece la ausencia de esa parte de sí que dejó atrás. Yo siento la ausencia del niño cubano dentro de mí —y más ahora que lo evoco en español, mi lengua materna. Él es mi brazo ausente, un fantasma que a veces me acosa como un remordimiento, y otras me ampara como un ángel de la guarda. Para ser una persona completa, para fundir ser y crecer, me urge rescatarlo.

Salí de Cuba casi en la adolescencia, cuando los juegos de soldaditos y vaqueros empezaban a aburrirme. Crecí y maduré. ¿Qué le pasó al niño que dejé atrás? ¿La Revolución aceleró su crecimiento? ¿Y cómo hubiera sido yo de haberme quedado en Cuba?

En otra fantasía, imagino que regreso a Cuba treinta años después de mi partida, y en una calle cualquiera de La Habana Vieja, quizás cerca de los muelles, me encuentro con ese niño, ya convertido en hombre. Debíamos ser idénticos, pero no es así. Él está más tostado por el sol. Yo me parezco a mi padre, pero él se parece a Gustavo más aún. Porta pantalones khaki y una camisa de mangas cortas. Yo tengo puesta una combinación de guayabera y Levi's. Es posible que él sea ingeniero, o tal vez gerente de un almacén. ¿Me reconocería en ese hombre? ¿Tendríamos algo que decirnos? ¿Y en qué idioma nos comunicaríamos —en el mío o en el de él? Y si conversáramos en mi idioma, ¿sería en español o en inglés?

Ese niño que dejé en el muelle es una parte de mí que he superado, y una parte de mí que nunca superaré. Hay momentos cuando me parezco más a él que a ese otro niño que, un mes después de salir de Cuba, se matriculó en una escuela llena de americanos en Miami. En esas ocasiones, se me traba la lengua cuando intento hablar en inglés y mi mujer y mis hijos me parecen criaturas de otro planeta. Pero en otros momentos me sucede lo opuesto, y casi no me reconozco en ese muchacho que permaneció en Cuba. Entonces lo veo en el muelle, diciéndome adiós. A veces cuando lo veo despidiéndose, quisiera retorcerle el pescuezo, decirle que me deje en paz. Yo no escogí el exilio, aunque de tener suficiente edad, seguramente hubiera actuado igual que mis padres. Quién sabe si el exilio es un destino o una elección.

En una fotografía en blanco y negro que mi madre tomó en el ferry, mi hermano Pepe y yo estamos jugando en la cubierta. Estoy haciendo payasadas mientras Pepe imita a Jerry Lewis. Detrás de nosotros se ve el mar. Mi hermano Carlos y mi hermana Mari se esconden detrás de unos bultos, y sólo se les ve una pierna y dos manos, como si sus miembros ya hubieran abandonado sus cuerpos. A un lado está mi padre, con lentes calovares en una gruesa armadura negra, y un tabaco a medio fumar en la mano. Mira la cámara con una expresión ausente, como si no supiera dónde está. En rumbo a Estados Unidos con visa de turista, quizás anticipa o intuye que dentro de unas semanas, cuando la visa caduque, tendrá que pedir asilo político e iniciar una nueva vida. Al contemplar la fotografía que mi madre tomó hace treinta y cuatro años, me pregunto si mi padre también vio a algún fantasma en el muelle que le decía adiós.

୧ঙ৯ ୧ঙ৯ ୧ঙ৯

Todos recordamos el día cuando, por primera vez, abandonamos nuestro hogar —sea para asistir a la universidad, o para casarnos, o sencillamente para vivir por nuestra cuenta. Imagínense cuánto más vívidos son los recuerdos del que abandona no sólo su hogar sino su patria. Nadie que haya dejado su país natal —y la razón no importa— olvida el día en que partió. No conozco a ningún cubano exiliado que no atesore un cuento o una anécdota sobre el día en que salió de Cuba. Optar por el destierro es uno de esos sucesos que aumenta en importancia con el transcurrir de los años. Nos acostumbramos al exilio como a una casa, y después de cierto tiempo nos resulta inconcebible no vivir entre esos muebles y esas paredes. Ya que la gran mayoría de los cubanos llegó a este país con la esperanza —y más, con la certeza— de regresar a nuestro país en corto tiempo, quizás la salida de Cuba no nos pareció tan importante al principio. Pero con el pasar del tiempo se convierte en el episodio central de nuestras vidas. Al volver una y otra vez a ese día, los recuerdos maduran, adquieren firmeza y precisión. Igual que todos los americanos de cierta edad saben exactamente dónde estaban la tarde que asesinaron al Presidente Kennedy (yo estaba en la clase de latín), los exiliados cubanos nos acordamos del día cuando dejamos nuestro país.

Hace unos años estaba en una reunión de profesores con un par de amigos, ambos cubanos. Mientras esperábamos a que comenzara la próxima sesión de conferencias, que seguramente sería tan tonta como la previa, nos pusimos a hablar sobre el día que salimos de Cuba. Yo les hice el cuento del ferry y de las treinta maletas y les hablé de la desconcertante sensación de que nos íbamos de vacaciones. A su vez, Jorge y Tony relataron las circunstancias de su partida. Ambos habían viajado a este país por avión, unos pocos meses después de la fallida invasión de Playa Girón, sin nada más que la ropa que tenían puesta y un par de dólares en el bolsillo. Tony vino solo como parte de la Operación Peter Pan, un programa patrocinado por la Iglesia Católica para sacar niños de Cuba. Vivió un par de años con una familia americana, hasta que sus padres obtuvieron el permiso para dejar la isla. Jorge vino con su madre y su hermano mayor.

Tony recordaba que su vuelo estaba lleno de señoras mayores que, cuando el avión estaba listo para despegar, se santiguaron y se pusieron a rezar. Jorge también había venido en un vuelo lleno de viejas con rosarios. "Así es," dijo Tony. "Y cuando el piloto anunció que habíamos salido de territorio cubano, una de la viejas en el medio del avión se paró, levantó los brazos al cielo, y gritó a voz en cuello... " Jorge completó la frase — "¡Viva Cuba Libre!"

Veinticinco años antes, Jorge y Tony habían salido de Cuba en el mismo vuelo. Sus recuerdos coincidían punto por punto. Para los dos esa señora que se paró y gritó se había transformado en una figura mitológica, ya que dividía sus vidas en mitades —una cubana y la otra americana. Tres décadas más tarde, todavía podían recordar el grito de esa mujer como si el incidente hubiera sucedido poco antes. Y ahora aquí estaban, en un hotel en Nueva York, desenterrando ese recuerdo que compartieron sin saberlo, un recuerdo que era parte indispensable de sus vidas.

Antes de 1959, había aproximadamente treinta almacenes de víveres en La Habana. Muchos de ellos habían sido fundados por inmigrantes españoles que llegaron a formar parte de la llamada "aristocracia del mostrador." Mi abuelo Pepe fue uno de ellos. Nacido en Villaodrid, una aldea en Galicia, a los trece años se fugó de la casa y consiguió pasaje a Cuba trabajando como marinero en un buque de carga. Llegó a Cuba en 1903, un año después de que el país ganara su independencia. Paradójicamente, el malestar económico y moral producido en España por la pérdida de Cuba sólo sirvió para fomentar la emigración a la isla, así estrechando los lazos espirituales y materiales entre la madre patria y su siempre fiel ex-colonia. Durante las dos primeras décadas de este siglo, las calles de La Habana estaban llenas de gallegos recién llegados como mi abuelo Pepe, jóvenes que cruzaron el charco buscando una vida mejor. Aunque mi abuelo hizo su fortuna en Cuba, murió sin renunciar a su ciudadanía española.

En La Habana Abuelo Pepe se ganó la vida como pudo hasta ahorrar lo suficiente para comprarse una bicicleta. Ella fue su primer almacén, ya que la usaba para ir de bodega en bodega vendiendo papas a comisión. En 1917, cuando se casó con mi abuela Constantina, sus años como vendedor ambulante ya habían quedado atrás. Se había comprado un pequeño almacén en Baratillo, una estrecha callejuela en la sección más antigua de la ciudad. El vetusto almacén, que se remontaba al siglo anterior, había sido edificado contra una de las antiguas murallas de la ciudad, erigidas siglos antes para proteger a los habaneros de Francis Drake y otros temibles piratas y corsarios. La ubicación del almacén en Baratillo resultó ser una feliz casualidad, ya que años más tarde el gobierno municipal, para preservar el pedazo de muralla, pagó un alto precio por la propiedad. La venta del primer almacén le permitió a mi abuelo comprar un almacén mucho más amplio situado a una cuadra de los muelles.

Ése fue el negocio que yo conocí de niño —una enorme estructura en forma de hangar que ocupaba casi toda una manzana en la esquina de Paula y San Ignacio. Encima de la puerta de entrada había una lápida de concreto con el nombre de la empresa, J. Pérez, S.A. A cinco cuadras estaba la casa donde nació José Martí; al frente, la iglesia donde se celebró la primera misa en La Habana. Casi toda la familia trabajaba en el almacén —mis abuelos, mi tía Cuca, mi padre, mi tío abuelo Vicente. Para mi abuelo, el almacén era su vida. Sin más familia en Cuba que mi abuela y sus hijos, su único pasatiempo era escuchar todos los días a la hora de almuerzo su programa radial favorito, Los Villalobos. No bebía ni fumaba, y no le gustaba bailar o irse de parranda. Su austeridad lo inducía a pelarse al rape, lo cual le daba un vago aspecto de presidiario. Lo recuerdo como un hombre serio pero generoso, bajito y barrigón, que se abrochaba los pantalones muy por encima de la cintura y se sostenía las mangas de la camisa con unas ligas gordas. Abstemio toda su vida, murió de cirrosis hepática en el 1954, un día después del nacimiento de mi hermano Carlos. Poco después de recibir la noticia sobre el recién nacido, le dijo a mi padre, "Qué bueno, Gustavo, otro machito más para el almacén." Fueron casi sus últimas palabras.

Después de la muerte de Abuelo Pepe, mi padre se hizo cargo del almacén, que se convirtió en su razón de ser como lo había sido para su padre. El negocio siguió creciendo, y para los últimos años de la década de los cincuenta, rendía lo suficiente para permitirles a los hijos y nietos de Abuelo Pepe una vida llena de comodidades. Hay un proverbio que dice, "Caballo grande, ande o no ande." Esa era la filosofía de mi padre, que había heredado la diligencia de su padre, pero no su austeridad. A Abuelo Pepe le gustaba trabajar y guardar; a mi padre, trabajar y gastar. Aunque el almacén tuvo sus años prósperos y sus años flojos, nuestra vida privilegiada no cambiaba.

Hasta que vino la revolución castrista. El 14 de octubre de 1960, una ley promulgada por el INRA (Instituto Nacional de Reforma Agraria) lo cambió todo para siempre. La ley nacionalizó varios centenares de empresas privadas —ingenios de azúcar, destilerías, fábricas de textiles, tiendas, cines y todos los grandes mayoristas de víveres, entre ellos J. Pérez S.A. Según el texto de la ley, estas compañías habían seguido una política "contraria a los intereses de la Revolución y al desarrollo económico del país." Aunque hasta cierto punto la acción del gobierno cogió de sorpresa a mi familia, todos temían que pasaría algo así, ya que el decreto del 14 de octubre había sido precedido por otras confiscaciones. Parecía claro que el proyecto de la Revolución era acabar con la libre empresa. No obstante, mi padre y otros dueños de negocios albergaban la esperanza de que empresas de propietarios cubanos quedarían exentas del frenesí colectivista de la Revolución. No fue así, y el mismo día que ocurrió la intervención del almacén, las cuentas bancarias fueron congeladas y las otras propiedades de mi familia también pasaron a manos del gobierno.

Dos años antes, el triunfo de los "barbudos" nos había llenado de aprensión. Cuando los milicianos fidelistas entraron triunfalmente en La Habana durante la primera semana de 1959, miles de cubanos se echaron a las calles para darles la bienvenida. Mi mejor amigo en el colegio de La Salle vivía en un edificio de apartamentos en El Vedado. En la puerta de su apartamento su madre puso un cartel que rezaba, "Fidel, ésta es tu casa." No fue así en mi casa, donde cualquier cosa que tuviera que ver con la Revolución estaba terminantemente prohibida. Desde el primer momento, nos consideramos "gusanos," el apelativo con el cual Fidel Castro estigmatizó a sus enemigos. Aunque mi padre no tenía gran interés en la política ("las personas decentes no se meten en política," simpre nos decía), se desenvolvía entre batistianos. Según su manera de ver las cosas, ni Batista era tan malo como decía la gente, ni Fidel era el mesías que muchos pensaban.

Algunos de los amigos batistianos de mi padre estaban en casa la noche del 31 de diciembre de 1958. Uno de ellos era almirante en la Marina de Guerra Cubana. Poco después de la media noche, recibió una llamada telefónica del Estado Mayor informándole que Batista y su familia se encontraban en Columbia, un campamento militar, listos para abordar un avión que los llevaría a Santo Domingo. El almirante decidió irse también, e hizo bien. Pero el padrino de mi hermano Carlos, que también era oficial en la marina, optó por permanecer en Cuba, ya que no había participado en la guerra. Su ingenuidad le costó caro. Cuando por fin salió de la cárcel, su esposa se había vuelto a casar y él no había visto a su hijo en más de veinte años.

Entre enero de 1959 y octubre de 1960, mis hermanos y yo vivimos prácticamente incomunicados, en una especie de exilio interior. Rodeados de fidelistas por todas partes, intentábamos mantener las distancias. El ambiente en casa era como de luto, y parecía que las persianas y las puertas siempre estaban cerradas. No podíamos ver a Fidel por televisión, ni podíamos escuchar sus interminables discursos por la radio. A diferencia de otros muchachos que conocía, se nos había prohibido coleccionar postalitas conmemorando el ataque al Moncada y otras proezas. En los meses que siguieron a la victoria de los guerrilleros, en La Habana por todas partes había milicianos dispuestos a regalar recuerdos de la contienda —balas, cantimploras, rosarios y medallas. Una noche viajábamos en el Lincoln de mi madre —carro grande, ande o no ande— cuando fuimos detenidos por un miliciano pidiendo "botella," o sea, buscando a alguien que lo llevara a su destino. Sentado en el asiento de atrás entre mi hermano Pepe y yo, con el rifle Garand entre las piernas, el barbudo nos ofreció algunas balas de su cinturón. Mi madre instantáneamente se interpuso y rechazó el regalo. Terminanos el viaje sin decir una palabra más.

Varias semanas después del triunfo de la Revolución, un grupo de barbudos se mudó a la casa que estaba frente por frente a la nuestra, que había pertenecido a un ministro de Batista. Tres veces al día, a la hora de desayunar, de almorzar y de cenar, cruzaban la calle y, rifles en mano, exigían que se les diera de comer. Cada vez que los milicianos se acercaban, mi madre nos metía en el fondo de la casa, de donde no podíamos salir hasta que se habían ido. A veces, en un gesto de desafío, se sentaban en los escalones que daban a la puerta de la casa. Ahí se pasaban varias horas limpiando sus armas y sacándoles fiesta a las criadas, que estaban fascinadas con estos jóvenes que acababan de bajar de las montañas. Cuando los milicianos estaban en la escalera y teníamos que ir a alguna parte, salíamos por la puerta de atrás.

Los diez días que transcurrieron entre la intervención de almacén y nuestra partida para Estados Unidos fueron un constante ajetreo. Al atardecer, familiares y amigos se reunían en casa y hablaban hasta muy entrada la noche. ¿Cuánto tiempo durará Fidel? ¿Qué van a hacer los americanos? ¿Nos vamos? ¿Nos quedamos? Durante el otoño del 1960 todavía había bastante resistencia al régimen de Castro, y parecía que todos los días explotaba una bomba u ocurría algún nuevo sabotaje. También se rumoraba que pronto ya no se podría viajar a Estados Unidos, lo cual le prestaba urgencia a la situación. Con la nacionalización de las empresas norteamericanas, la hostilidad entre los dos países iba en aumento, y se decía que Estados Unidos pronto suspendería sus relaciones diplomáticas con el régimen de Castro. Además, se rumoraba que la Revolución se arrogaría el derecho de patria potestad.

Una vez que mis padres decidieron abandonar la isla, había cuentas que pagar, pertenencias que repartir, planes que formular. Mi madre se pasó varios días de tienda en tienda buscando ropa de invierno. Empaquetó todo lo que cupo en las maletas, incluso cacharros, cubiertos, sábanas y almohadas. (Una vez le pregunté por qué había traído almohadas, y me respondió sibilinamente: "Ya yo sabía cómo era este país.") Como las únicas joyas que se podían sacar eran el anillo de matrimonio y un reloj pulsera —si su valor no excedía cierta cantidad— mi madre embadurnó todas sus joyas con pintura de uñas pensando esconderlas en el neceser de las medicinas y los cosméticos. En total nos llevamos treinta y dos maletas, muchísimo más de lo que pudieron sacar otros cubanos que salieron después. (Mi madre todavía usa algunos de los mismos cacharros que trajo en el ferry).

Otro problema era disponer de carros, muebles y dinero en efectivo. Aunque las cuentas bancarias estaban congeladas, por varios meses mi padre había estado acumulando los pagos en efectivo del almacén y cambiando los pesos por dólares en el mercado negro. Su idea era usar ese dinero para costear nuestros gastos en Cuba si nos quedábamos. Cuando decidió irse, un amigo en la embajada americana se ofreció para tratar de sacar el dinero de Cuba. Lo difícil era hacer llegar el dinero a la embajada, que estaba vigilada por milicianos. A mi madre se le ocurrió meter el dinero en una bolsa de playa y pedirle a Manuel, el chofer de Abuela Constantina, que la dejara en El Vedado, donde tomó un autobús hasta la embajada. Llevó a mi hermana, conjeturando que una mujer acompañada por una niña de cinco años y una bolsa de playa no despertaría sospechas. Se apeó de la "guagua" frente a la embajada, y los milicianos que cuidaban la entrada la dejaron pasar sin registrarle la bolsa. El americano le dijo que haría lo posible por sacar el dinero, pero que no se hiciera muchas ilusiones. Cuando abrió la caja fuerte detrás de su escritorio, mi madre vio que estaba llena de otras bolsas de playa, probablemente todas ellas atiborradas de dólares. Cuando los Estados Unidos y Cuba suspendieron relaciones diplomáticas pocos meses después, el dinero y la bolsa se quedaron en Cuba.

Las joyas corrieron mejor suerte. Después de estar ya embadurnadas de pintura de uñas (nunca he comprendido cómo una mano de pintura iba a disimular unos aretes o un pulso), el americano otra vez se ofreció para tratar de hacer

algo. Seguramente inspirada en alguna película de espionaje,
mi madre puso las prendas en una cartera y se fue a El
Carmelo, un restaurante muy de moda, donde se encontró con
la secretaria del americano feo, pero servicial. En el baño de
damas intercambiaron carteras. Varias semanas después, ya
en Miami, mis padres recibieron dos paquetes por correo.
Aunque estaban franqueados en Estados Unidos, no tenían
remitentes. Adentro estaban los anillos, aretes, pulsos, dijes
—todos cubiertos todavía de pintura de uñas. Esas prendas
nos sacaron de más de un apuro económico en Miami.

ᘓᕤᖆᕫ ᘓᕤᖆᕫ ᘓᕤᖆᕫ

Aunque mis memorias de Cuba parezcan claras y precisas, en realidad recuerdo muy poco. El día de nuestra partida lo tengo grabado en la memoria, pero gran parte de mi vida
anterior se ha difuminado. Poco después de haber llegado a
Estados Unidos dejé de pensar en los detalles y rutinas de
nuestra vida en La Habana. Cuba se convirtió para mí en una
abstracción, en un tema de discusión de los mayores. En
parte, mi olvido respondía a mi edad. Disparados hacia el
futuro, los niños se resisten a la nostalgia. Sus cuerpos los
impulsan hacia adelante, los fuerzan a avanzar hacia el
mañana. Un niño con pasado es como un viejo con futuro
—una contradicción. Al decir de L.P. Hartley, el pasado es otro
país, y los niños no residen ahí a su gusto.

Además había otras razones más complicadas para
explicar mi olvido. En octubre del 1960, tenía once años y
medio. O sea, edad suficiente para darme cuenta de lo que nos
estaba pasando, pero sin la madurez para entenderlo. Sabía
que el nuevo gobierno nos había quitado el almacén —la palabra "intervención" estaba en boca de todos— y recuerdo oír a
mi padre decir que el interventor enviado por el gobierno era
un antiguo empleado. Sabía que este viaje a Estados Unidos
no era como los anteriores. Pero también pensaba, porque mis
padres siempre lo estaban pronosticando, que muy pronto

regresaríamos a Cuba. Lo que para ellos no era más que un anhelo, para mí constituyó una promesa.

A medida que pasaron los meses y después los años, empecé a sentir que mis padres me habían engañado. Por supuesto, ellos no me engañaron a mí —se engañaron a sí mismos. Y en comparación con lo que la Revolución les quitó, lo que me hizo a mí fue una minucia. Pero el resentimiento de un niño no obedece razones. Desde mi perspectiva infantil, ellos me habían fallado. Cierta parte de mí nunca dejó de disfrutar de sus anécdotas y conversaciones sobre nuestra vida en Cuba; pero la otra parte de mí detestaba que perdieran el tiempo hablando sobre cosas que ya no existían. La memoria se convirtió en un instrumento de tortura. ¿Por qué conversar incansablemente sobre lo que tuvimos en Cuba si ya no lo teníamos? ¿Por qué hablar y hablar del regreso si todos sabíamos que no dependía de nosotros? Al crecer, me cansé de oír anécdotas sobre nuestros criados, nuestros carros, los restaurantes caros y los hoteles elegantes. Mi patria se transformó en un lugar irreal —el escenario de las fantasías de mis padres. Corté mi vida en mitades, y deseché la mitad inútil.

Hoy en día, más de treinta años después, me sorprende notar con cuánta más claridad recuerdo caras y sucesos a partir del 24 de octubre de 1960. A veces tengo la impresión de que nací ese día, de que mi vida comenzó cuando nos bajamos del ferry. Debería recordar con igual claridad eventos separados sólo por días o semanas, pero no es así. Por mucho que lo intente, por ejemplo, no me puedo acordar del nombre ni de la cara de mi maestro de sexto grado, ni tampoco del aula, ni de los nombres de mis compañeros de clase. Y sin embargo puedo dibujar un plano de la clase de la escuela en Miami donde completé el sexto grado, nombrar a más de la mitad de mis compañeros americanos y precisar dónde se sentaban. Aunque asistí a La Salle del Vedado por seis años, conservo recuerdos sumamente borrosos de toda esa época. El edificio siempre se me aparece envuelto en sombras —como si el sol nunca hubiera brillado sobre sus patios y pasillos. Pero mis imágenes mentales de Dade Elementary, una escuela a la que asistí durante sólo seis meses, resplandecen como si todo hubiera pasado por la mañana. Viajar en la memoria de un lugar al otro es transitar del ocaso a la aurora. Mi niñez en Cuba es un borrón de contornos imprecisos; mi niñez en Miami tiene más filos que el vidrio roto.

No hace mucho recibí una llamada telefónica de alguien que decía conocerme de Cuba. Había hallado mi nombre en un libro y me había localizado en Duke, la universidad donde trabajo. Su nombre me sonaba, pero no recordaba ningún rasgo del muchacho al cual pertenecía, aunque él me aseguró que de niños fuimos muy amigos. De hecho, habíamos estado en la misma clase desde el primer grado. Me dijo los nombres de otros compañeros de clase. Los únicos que recordaba eran aquéllos que también habían sido mis condiscípulos en Miami. La nitidez de sus recuerdos me sorprendió y entristeció. El parecía recordarlo todo con facilidad, mientras que yo apenas podía recuperar retazos y fragmentos. ¿No te acuerdas del Hermano que se llamaba Remache? —me decía— ¿O del día que nos colamos en la cocina? ¿O de la vez que nos subimos a la azotea? Yo no me acordaba de nada. ¿Y no te acuerdas —continuó— de nuestro amigo fulanito? ¿O de lo que pasó cuando Capetillo dijo tal o cual? No, no me acordaba de nada. Cuba le pertenecía a él de una forma que ya no me pertenecía a mí.

A lo largo de los últimos treinta años, pocas veces me he puesto a rememorar mi niñez en Cuba. El estrecho de la Florida ha sido para mí un abismo infranqueable. ¿Será por las circunstancias concretas de nuestra vida en el exilio? ¿Será porque me cuesta trabajo recordar cosas que sucedieron en un idioma distinto al del país donde vivo? ¿O será ésta una manera inconsciente de vengarme de mis padres? Cualesquiera que hayan sido las razones, durante gran parte de mi vida impuse un embargo mental sobre mis recuerdos de Cuba. Mucho se ha escrito sobre la nostalgia del exiliado, sobre su entrega al pasado y su anhelo por el suelo patrio. En mí el exilio ha tenido un impacto muy distinto. Ha producido nostalgia, sí, pero también olvido. A diferencia de mi compañero de La Salle, me tengo que esforzar para recordar nombres y caras y lugares. Busco imágenes para nutrir mis recuerdos, pero siempre se me aparecen borrosas. Mi obsesión no es la memoria sino su ausencia, y siento enorme envidia de aquéllos que pueden desplazarse hacia el pasado con facilidad. Yo debo tener recuerdos de toda una niñez almacenados en alguna parte de mi cerebro, pero me cuesta mucho trabajo desenterrarlos.

Durante los últimos veinte años muchos exiliados, miembros como yo de la generación intermedia, han viajado a Cuba. Regresan a su antiguo hogar, al antiguo colegio, al parque del barrio. La pobreza del país los deprime, pero vuelven con rollo tras rollo de fotografías. Creo que ellos regresan para apuntalar los derrumbados recuerdos de su niñez. A menudo éstos se basan en experiencias personales que no pueden ser autenticadas por nadie más: ¿Era posible treparse al techo de la casa desde la mata de mangos? ¿Había un escondite detrás de la ermita a la Virgen de la Caridad? Los recuerdos triviales como éstos son los más valiosos, pues atestiguan al carácter único de nuestras vidas. Esos exiliados jóvenes que van a Cuba vuelven angustiados por lo que han visto, pero enriquecidos por el abasto de recuerdos que han recuperado.

Yo no he vuelto, en parte porque no quiero contribuir con mis dólares al régimen de Castro, y en parte porque me sería insoportable visitar lugares que una vez fueron nuestros. Para mí, tales visitas constituyen una aceptación del robo. Por supuesto, muchos exiliados, aun en mi propia familia, no comparten mi manera de ver las cosas. Mi hermano Pepe, que siempre ha sentido una simpatía inexplicable hacia la Revolución, ha vuelto a Cuba varias veces. Ha estado en el almacén y hace unos meses se pasó una tarde conversando con la gente que actualmente vive en nuestra casa —un piloto y su familia. Yo no podría hacer lo mismo. La rabia no me lo permitiría. Me sería intolerable portarme cordialmente con personas que, cualesquiera que sean sus historiales personales y sus ideas políticas, han tomado mi casa. Cuando me imagino en el lugar de mi hermano, sentado en lo que fue nuestra sala charlando amablemente, pierdo los estribos. Sé que en algún momento espetaría: —Y dígame, señor Piloto, cuando nosotros volvamos a Cuba, ¿adónde piensan ustedes irse a vivir?

No, este tipo de regreso no es para mí. Regresar así es arrastrarse. Me recuerda cuando de niño veía a las viejas subir las escaleras de las iglesias de rodillas. Estoy empeñado en recuperar mi niñez, pero de otra manera. En lugar de viajar a Cuba con mi hermano, me he pasado los últimos meses compilando listas de palabras, de nombres, de lugares. Después de tantos años sin reflexionar sobre mi vida en Cuba, he decidido suspender mi embargo mental, abrir las puertas de la memoria, dejar que mi niñez vuelva a crecer dentro de mí. Por ejemplo, el cuentagotas de la memoria me ha regalado una palabra —*hollín.*

Durante los últimos treinta años, tal vez haya leído esta palabra en algún libro, pero dudo mucho haberla escuchado o pronunciado desde que salí de Cuba. Y sin embargo cuando era niño el hollín era una presencia diaria, ya que el patio de mi casa parecía siempre estar cubierto de un fino polvo negro. Como vivíamos en una barriada residencial, lejos de las fábricas, dicen mis padres que me equivoco, que en el patio de nuestra casa no había hollín. ¿Los engaña la memoria? ¿Podría ser que en la mítica Cuba de ayer no había hollín? Sin embargo, yo recuerdo que se depositaba en las ranuras de las baldosas del patio, en las grietas de las piedras de la ermita, en la superficie de las persianas blancas. Me da placer pronunciar esta palabra, y aun más escribirla. Ese final agudo me despierta como si fuera un timbre. No sé cuál será el origen de la palabra, pero tampoco me importa mucho saberlo. El hollín es un prieto polvo de hadas que tiñe todos mis recuerdos de Cuba.

Un experimento: ¿Soy capaz de describir nuestra casa en La Habana, la que mi hermano Pepe visitó hace poco? Esa casa, la que vive en mi recuerdo, tiene exactamente mi edad, pues empezó a construirse en 1949. Está situada en una calle del Reparto Kohly que antes se llamaba Avenida de los Aliados y que ahora se llamará otra cosa. Cómoda y acogedora, la casa tenía una planta y un leve aire *art-deco*, visible sobre todo en la fachada curveada del comedor. Hace más de treinta años que no la veo, ni siquiera en fotografías, pues no he querido mirar las que mi hermano tomó durante sus visitas.

Iniciaré mi visita —no por imaginaria, irreal— igual que hacía por la tarde al regresar del colegio, subiendo por las escaleras de granito, que se hacen más estrechas en la parte de arriba. Al ascender corro la mano por el murito de piedra donde me siento cada mañana a esperar el ómnibus de La Salle. Detrás del muro, que no tiene más de un metro de alto, hay matas de arecas. La puerta de entrada tiene un enrejado de hierro y un grueso vidrio lechoso que no deja ver hacia adentro. No recuerdo el diseño del enrejado, pero se parecerá a los de Miami —frondas de palma, o flamencos (el pájaro, no el baile), o algún otro motivo tropical. Toco a la puerta, y Vargas me abre. Adentro, en la pared del vestíbulo, hay varios cilindros dorados que remedan la flauta de Pan: ¡el timbre! Las lozas de granito, separadas por una fina tira de cobre, siempre están frías, y en el verano Pepe y yo nos quitamos la camisa y nos acostamos de barriga sobre el piso para refrescarnos.

Doy unos pasos hacia la derecha y entro en el comedor. Aquí está el televisor donde mis hermanos y yo vemos nuestros programas preferidos —*Wyatt Earp* y *Highway Patrol*. Me encanta cómo al principio de cada episodio de *Highway Patrol* Broderick Crawford hace rechinar las gomas de su automóvil. Esta tarde pienso ayudar a Vargas a limpiar la vajilla que está guardada en las vitrinas; a cambio él va a jugar pelota conmigo. Vargas es un negro retinto que tendrá unos treinta años. Como había jugado primera base para un equipo semiprofesional, lo considero tan buen pelotero como Rocky Nelson, el inicialista del Almendares, mi equipo predilecto en la liga cubana de béisbol. Mientras frotamos la pasta gris en los cuchillos y tenedores —el olor me encanta— podemos oír por el radio de la cocina una canción sobre el bodeguero que se pasa el día bailando el chachachá. Dando golpes en una bandeja de plata como si fuera una tumbadora, Vargas me muestra unos pasos del baile, que intento imitar. De vez en cuando me cuenta historias sobre sus hazañas como pelotero. Se nos va la tarde apaciblemente entre chácharas y chachachás.

Una puerta batiente comunica al comedor con la cocina, templo casero cuya diosa de turno es la mulata Caridad, nuestra cocinera, que tiene una cicatriz de dos pulgadas en la mejilla, el legado de un novio celoso. El extremo izquierdo de la cocina siempre me hacer pensar en los Estados Unidos, ya que ahí está la mesita donde desayunamos a la americana todas las mañanas —jugo de naranja, huevos revueltos y *bacon* (nunca le decimos "tocino"). Mi madre desdeña el café con leche y pan del desayuno cubano, que considera poco nutritivo. Otro de sus americanismos alimenticios es "bistí," un repugnante brebaje hecho con el jugo de carne molida que teníamos que consumir antes de la comida todas las noches. Beber bistí era como tragar arena húmeda. Los pedacitos de carne que permanecían en el líquido siempre me daban ganas de vomitar. Ya era un hombre hecho y deshecho cuando me di cuenta de que la palabra "bistí" se derivaba de *beef-tea*, o lo que mi esposa Mary Anne llama *blood juice*. Sospecho que una de las razones por las cuales he reprimido mi niñez en Cuba es el bistí que tomé a la fuerza durante años.

En el otro extremo de la cocina está la despensa, un cuartito fascinante, pues constituye un almacén doméstico, nuestra cornucopia. La despensa tiene sacos de arroz y de frijoles, paquetes de harina, potes de manteca, latería. Todos los años los hermanos de La Salle recaudan comida para los pobres — le dicen "la campaña de la lata"— y mientras dura la campaña yo saqueo nuestra despensa todas las mañanas en mi afán de ganar el premio que le dan al muchacho que trae más latas. Al ver sus proviciones disminuir día tras día, mi padre me dijo una vez: "Estás dando mucha lata."

La cocina da a un estrecho corredor donde Vargas y las criadas se sientan a comer con los platos de comida en las piernas. Es allí donde, un par de años después, se le daría de comer a los milicianos de enfrente. A veces los criados comen lo mismo que nosotros; otras veces, Caridad les prepara su propia comida. Ese pasillo conecta la cocina con otro comedor, que usamos para almorzar, y que tiene muebles de hierro con cojines de floripondios. Es allí donde Zoila, la "tata" de mi hermana, se sienta a conversar por las noches con su marido, Neno, que es conductor de ómnibus. Aunque ellos son de Artemisa, un pueblo en la provincia de Pinar del Río, el hijo de Neno y Zoila se pasa los veranos con nosotros. Recuerdo que cuando Neno le hablaba a Zoila sobre su ruta, a veces le decía, "Zoila, la guagua es un mundo."

Salgo del comedor y regreso por la cocina al pasillo central. De ahí entro en la sala, donde están los muebles más elegantes de la casa, piezas cubiertas con laca negra y adornadas con motivos orientales. Aquí es donde mis padres dan sus fiestas después que mis hermanos y yo estamos dormidos. Aquí también es donde ponemos el árbol de Navidad, al lado de la falsa chimenea de ladrillos rojos. La sala da a una terraza que está encima del garage, y a través de las persianas venecianas puedo ver el flamboyán que mi abuela Constantina mandó cortar durante uno de nuestros viajes al norte (mi madre tuvo que esperar veinte años para vengarse, pero por fin lo hizo). Del otro lado de la terraza está el bar, con sus espigados taburetes. En la pared detrás del bar hay dos enormes copas de martini puestas en cruz.

Después de todo, no me resulta tan difícil deambular de un cuarto a otro, imaginarme que busco a mi hermano Pepe para jugar, o pasarme un rato en algún rincón de la casa entretenido con mis soldaditos. La única parte importante de la casa que todavía no he recorrido es el patio. Cercado por un alto muro y una cantera de marpacífico, éste era el recoleto escenario de todas nuestras correrías, ya que mi madre no permitía que jugáramos en la calle (eso era cosa de "mataperros"). A menudo mis primas Maggie y Alina, que vivían al lado, venían de su casa y nos pasábamos las largas tardes de verano jugando a los escondidos o al chucho encendido. Cuando mi hermana Mari nació en el 1955, mi madre mandó construir una ermita a la Virgen del Carmen, a quién le había pedido la hembrita que deseaba. El nacimiento de Mari fue un don del cielo para nosotros también, ya que la ermita nos dió nuevos escondites. El único problema era que siempre apestaba a orina— y no era sólo orina de gato, ya que resultaba mucho más fácil orinar detrás de la estatua de la Virgen que entrar al baño.

Vargas y las criadas dormían en un pequeño edificio rectangular al fondo del patio. Los fines de semana o cuando regresaba del colegio por las tardes, me dirigía a la habitación de Vargas y le tocaba en la puerta para que jugara pelota conmigo. Si no contestaba en seguida, iba por el costado y trataba de llamarlo a través de las ventanas. De buen humor aun cuando yo le había interrumpido la siesta, Vargas fue el único de los criados que extrañé cuando salimos de Cuba. Como los demás, me decía "Junior," aunque lo pronunciaba "yuneo." Aunque generalmente usaba ropa ligera, para las cenas formales y las fiestas se vestía con zapatos de charol, pantalones negros y una filipina blanca. En tales ocasiones, su disposición relajada y sonriente cambiaba. Mi madre sacudía una campanita de plata, y Vargas entraba solemnemente para servirnos la comida o llenarnos los vasos de agua con el jarrón que, horas antes, yo le había ayudado a pulir. A mis padres les decía Señora Nena y Señor Gustavo. En presencia de ellos, me llamaba Gustavito y me trataba de usted.

En el medio del patio, a unos metros del cuarto de Vargas, había una mata de mangos ceñida por un banquito de piedra. Una tarde cuando yo tenía nueve o diez años, una de las criadas se trepó a la mata para coger mangos. Sentado en el banquito, aparentando ser más inocente que San Inocencio, me puse a

mirarla. Vargas me cogió mirando y le gritó a Aselia, "Oye,
Ase, mira lo que está haciendo Yuneo." Riendo, Aselia le contestó, "Déjalo que mire que eso es bueno." Y siguió agarrando
mangos sin inmutarse. No recuerdo exactamente qué vi. El
"rascabucheo" es un arte criollo, pero a esa edad carecía de la
malicia para practicarlo con destreza. Sospecho que la imagen
que conservo debe de ser una elaboración posterior. Pero varios años después, en Miami, muchas fueron las fantasías que
tejí en torno al recuerdo de Aselia subida en la mata. Proust
tenía sus *madeleines*: yo tengo mis mangos. Cada vez que le
meto el diente a esta fruta de pulpa dulce y jugosa, pienso en
Aselia.

༺⊶༻ ༺⊶༻ ༺⊶༻

Me sorprende comprobar lo mucho que recuerdo de mi
vida en Cuba si hago el esfuerzo. A diferencia de mi hermano
Pepe, no me hace falta regresar a Cuba para ver la casa. Los
planos que dibujé contienen representaciones de los muebles
de cada una de las habitaciones. Incluso he logrado dibujar la
bodega de vinos que estaba en el garaje. Si puedo hacer esto
con la casa, quizás también puedo reconstruir otras partes de
mi niñez —la casa de mi abuela Constantina, el apartamento
de mi abuela Martínez, el Casino Español, el parque de la
esquina, el hotel donde pasábamos los veranos. Tal vez hasta
podría hacer un plano del colegio de La Salle, y esto podría
desencadenar recuerdos de mis maestros y compañeros.
Quizás ese niño que fui no ha desaparecido del todo. Quizás lo
tengo abandonado en algún rincón, como si fuese un mueble
inútil. Pero no es inútil.

Me equivoqué al creer que, una vez en Estados Unidos,
ese niño ya no me pertenecía. Creyendo que el pasado no me
iba a ayudar a vivir en el presente, me acostumbré a no recordarlo. Vivía en Miami sin pensar en nuestra vida en Cuba, a
pesar de que mis padres y mis familiares hablaban de ella
constantemente. Me crié entre cubanos, me crié como cubano,

pero fui desprendiéndome de ese segmento de mi biografía que había transcurrido en Cuba. Salir de Cuba fue para mí tanto parto como partida —como si hubiera nacido en el ferry. A veces el pasado me parecía un sueño. Pero ¿era verdad que yo había vivido en Cuba? ¿Era verdad que teníamos una casa en el Reparto Kohly? ¿Era verdad que mi familia tenía un almacén de víveres en la esquina de Paula y San Ignacio?

Aunque nunca dejé de amar a Cuba o de considerarme un exiliado político, mi patriotismo prescindía de la memoria, como si uno pudiera mantenerse fiel a un país que no se conoce o recuerda. Igual que un ateo que reza con fervor, participaba en los rituales del exilio, pero sin creer en ellos. Más que un cubano exiliado me consideraba un exiliado cubano. El exilio era lo sustantivo, mi esencia. Ser cubano era aleatorio, una especie de accidente topográfico. De algún modo me parecía que mi nacionalidad derivaba de mi condición de exiliado, y no al revés —como si yo hubiese sido exiliado primero y cubano después.

Me he demorado demasiados años en aprender que hay continuidades que trascienden tiempo y lugar y lenguaje. Soy quien fui: el niño cubano es el padre del hombre americano. No puedo entenderme si no respeto a ese niño, si no le devuelvo el lugar que le corresponde. No es cuestión de eliminar ambigüedades sino de abarcarlas. No es cuestión de reducir fracciones sino de integrarlas. Uno de mis tíos, al cumplir cincuenta y cinco años, le envió una postal a mi madre preguntándose quién era. Yo era igual. Aunque ahora comprendo por qué deseché mi pasado, fue un error pensar que no me hacía falta el muchacho que había sido. La casa y los carros desaparecieron, pero el niño que vivió y montó en ellos no desapareció. Vargas y Aselia se quedaron en Cuba, pero yo seguí creciendo. Ese niño en el muelle no es un fantasma. Todo lo contrario: es mi yo más mío. No tenía por qué decirle adiós.

Dos
Entre la metedura y el *crush*

Miami, 1960-1961

Con su gimnasio, su cafetería, sus canchas de basket y
volleyball, y dos alas de aulas espaciosas y alegres, Dade
Elementary era una típica escuela suburbana de los años 50.
Al contrario de los austeros salones de clase de La Salle, con
sus puntales altos y su poca iluminación, mi clase de sexto
grado siempre estaba bañada de luz. En las paredes había
mapas y retratos de varios presidentes, y al fondo una fila de
cubículos donde guardábamos nuestros libros y almuerzos. En
la parte delantera de la clase, junto a la pizarra, colgaba una
bandera norteamericana. De un lado, un ventanal amplio
daba a un patio donde descansaban las mesas de picnic que
usábamos para las clases de arte. Más allá del patio estaba el
parque de Douglas Road, con un diamante de béisbol y un
extenso césped. Como los pupitres de la clase no estaban fijos,
los disponíamos de acuerdo con el tipo de actividad.

Mrs. Myers, la maestra de sexto grado, era una americana cincuentona, alta y delgada, con pelo rojizo y labios finos
que intentaba agrandar embadurnándolos con una pintura
muy roja. Vestía con sayas floreadas y blusas sin mangas. Era
presbiteriana, y todos los lunes empezaba la semana resu-
miendo el sermón que había escuchado en la iglesia el día

antes. Como en La Salle todos los maestros eran hombres, al principio me costó cierto trabajo congeniar con ella. Una mañana, al notar que la clase no prestaba mucha atención a su sermón reciclado, Mrs. Myers preguntó si había alguien que prefería no escucharlo. Malentendiendo sus palabras como una pregunta auténtica en vez de una amenaza solapada, fui el único tonto que levantó la mano. Como resultado, me pasé el resto de la mañana castigado en la cafetería. A diferencia de los hermanos de La Salle, Mrs. Myers no sabía nada de mi familia ni tampoco parecía querer enterarse. Su deber era instruirme, lo cual hacía concienzudamente. Yo la consideraba una mujer fría, pero finalmente me di cuenta de que, como muchos norteamericanos, ella separaba las diferentes facetas de su vida en compartimientos, y la enseñanza quedaba en uno de ellos. De su vida fuera de clase lo único que yo sabía era que iba a la iglesia los domingos. Y lo único que ella sabía de mí era que acababa de llegar de Cuba con mi familia huyéndole al comunismo. Era todo lo que le hacía falta saber.

Aunque en pocos años muchos de los muchachos en Dade Elementary iban a ser "exilados" (por esa época nadie decía "exiliados"), al principio yo era el único cubano en la clase. Los prolijos sermones de Mrs. Myers me aburrían —el catecismo que me sabía de memoria era mucho más conciso— pero las demás asignaturas sí me interesaban. En la clase de historia, ella nos hablaba sobre el Boston Tea Party y Paul Revere; en la clase de inglés, me gustaba hacer diagramas de oraciones; en la clase de música, me aprendí la letra de canciones como *The Twelve Days of Christmas* y *Far Away Places* (seguramente algunos de mis compañeros de clase pensarían que yo procedía de uno de esos lugares exóticos). La única asignatura que me desagradaba de verdad era *Current Events*, acontecimientos de la actualidad.

En La Habana, el colegio era un refugio, un mundo aparte donde los violentos espasmos políticos de la Cuba de los años cincuenta apenas se hacían sentir. Aunque vivíamos zarandeados por *current events* —bombas y atentados en la ciudad,

guerra en el interior— cuando entrábamos por las puertas de
La Salle, nos internábamos en un ámbito de paz y tranquilidad. La alta verja que rodeaba todo el colegio marcaba la
separación entre los dos mundos. Dentro del colegio, si
estudiábamos historia de Cuba, el curso siempre terminaba
con la Guerra de Independencia, así evitando temas o incidentes contemporáneos, que podían desembocar en alguna
discusión peligrosa. En Dade Elementary no había cercas o
muros que separaran el colegio de la ciudad, y los sucesos del
día formaban parte de la materia de las clases.

Como parte del curso sobre *Current Events*, cada dos semanas montábamos un programa noticioso. Poníamos unas
sillas frente a la pizarra, y nos turnábamos haciendo de pre-
sentadores. Alguien resumía las noticias, otro estudiante
informaba sobre deportes y tiempo, y a mí me tocó en suerte
(en mala suerte) reportar sobre los *Teamsters*. El problema
era que no tenía la más mínima idea de quiénes eran los
Teamsters, de modo que los jueves por la noche me sentaba
con los periódicos de esa semana a aprenderme de memoria
algún reportaje sobre los *Teamsters*. Cuando llegaba el
viernes, siempre estaba hecho un manojo de nervios —las
manos me temblaban y me dolía la barriga— pero cuando llegaba mi turno recitaba palabra por palabra lo que decía el
periódico, sin entenderlo. Después de mi primera pre-
sentación, Mrs. Myers me felicitó. "Fíjense cuánto esmero
Gustavo puso en su reportaje," les dijo a mis compañeros. No
se daba cuenta de que no era esmero sino desespero.

A lo largo del año tuve que dar quizás media docena de
informes, sin caer en cuenta de que se trataba de un gremio
laboral. Aunque nunca lo dije, yo pensaba que los *Teamsters*
eran *gangsters*, pandilleros como los que salían en las películas del cine.

Con todo, no la pasé mal en sexto grado, en particular
porque nunca experimenté la penosa sensación de no entender
lo que pasaba. Para mí y para mis hermanos —al igual que
para otros cubanos exiliados— el inglés era un idioma extran-

jero pero no extraño. En La Habana constituía casi el segundo idioma de la ciudad, y se escuchaba con frecuencia. Mis hermanos y yo oíamos música en inglés, veíamos películas de Hollywood que no habían sido dobladas, y teníamos amistades norteamericanas —la madrina de mi hermano Carlos era "Olga la americana," una italiana de Nueva York casada con un cubano. En La Salle estudiamos inglés desde el primer grado con un profesor que le decían "Lechuga" (sería por su tez verdosa) y además mi tía Mary nos daba lecciones privadas todas las semanas. Recuerdo pasarme horas enteras sentado en la mesa del comedor con mi tía tratando sin éxito de pronunciar *didn't* como monosílabo. Mi madre, que hablaba inglés bien, nos hacía practicarlo en todas partes —en el carro, en la playa, cuando estábamos cenando. Sin saberlo, ya desde Cuba nos estaba preparando para el exilio.

Por lo tanto, el inglés nunca me dio trabajo. Aunque mi pronunciación era bastante defectuosa (nunca llegué a pronunciar *didn't* correctamente), entendía todo lo que se me decía y podía endilgar palabras en frases sencillas. Mis dificultades lingüísticas en Dade Elementary fueron de otro orden, no conceptuales sino auditivas. Yo entendía a Mrs. Myers bastante bien; el problema era que no lograba oírla. Acostumbrado a los vozarrones de mis maestros cubanos, experimenté el exilio inicialmente como sordera. Para agravar la situación, mi pupitre estaba en la última fila y aunque yo hacía lo posible por escuchar, a menudo perdía parte de las explicaciones. Tratando de leer sus labios pintorreteados, me hallaba dentro de un mundo de susurros y silencios, donde todo ocurría a media voz. Las pocas veces que hablé en clase, mis frases entrecortadas rompían el silencio como un fragor de tambores. A mí se me oía hablar alto y claro (mejor dicho, más alto que claro), pero Mrs. Myers apenas balbuceaba. Habiéndome criado en un país de gente expresiva y bulliciosa, me costaba trabajo adaptarme al *understatement* de los americanos.

A causa de mi sordera, el inglés me entró por los ojos antes que por los oídos. Las complejas oraciones que aprendí a desmenuzar dejaron una impronta más duradera que los sonidos en sordina que escuchaba a mi alrededor. Las conversaciones las captaba en fragmentos, pero las palabras impresas no. Aunque no me gustaba leer, leía mejor que oía. Aun hoy en día considero el inglés un idioma mudo, un sánscrito, un arabesco de sonidos sin voz: más lenguaje que lengua. Para mí, el español es un tejido de voces —vibra en el tímpano; pero el inglés me susurra en el oído interno, sus palabras y cadencias componen una melodia muda. Si mi vida dependiera de una frase escrita, la redactaría en inglés. Pero cuando tengo que darles voz a mis pensamientos silenciosos, cuando me desplazo de la página al podio, me siento más cómodo en mi lengua materna. A pesar de los años que llevo hablando inglés, a menudo las palabras inglesas se me pegan a la lengua como si fueran chicle. Pero en español no hay trabalenguas que me trabe. Si mi vida dependiera de una frase hablada, optaría por pronunciarla en español.

El sonido de mi nombre contribuía a mis dificultades con Mrs. Myers, pues Gustavo es uno de esos nombres que no se pueden traducir con facilidad. *"Goose-tai-vough,"* Mrs. Myers decía, remplazando las precisas sílabas del español con voluptuosas vocales inglesas. En su suave pero fría voz mi nombre se alargaba, languidecía. Ya no era el nombre de un niño como Tommy o Pete sino el de algún galán de cine como Ricardo o Fernando. Pronunciándolo despacio, le demoraba una eternidad decirlo: *"Goose...tai...vough."* Deseando desesperadamente tener un nombre fácil de pronunciar, empecé a llamarme "Gus," apodo que más tarde deseché por parecerme un nombre incompleto, solamente la tercera parte de mi nombre.

Reconozco que una de las muchas razones por las cuales nunca me sentiré americano es que mi nombre no tiene traducción adecuada al inglés. Esto pudiera parecer trivial, pero no lo es. ¿Quién no quiere disfrutar de buenas relaciones con su nombre? ¿Quién no desea sentir afecto hacia el sonido de su nombre? Al tener que escoger entre un Gus y un Gustavo, opto por éste último, lo cual significa que me paso la vida aquí en contienda con banqueros y telefonistas. Añádase a la mezcla mi apellido compuesto, sazónesele con un acento, y para los americanos me convierto en un ajiaco alfabético: gustavopérezfirmat. Hace unos días recibí por correo una tarjeta de crédito a nombre de "Gus P. Fi." *Semper Fi* —ése soy yo, marinero en tierra extraña.

Crisis onomásticas aparte, disfruté el sexto grado, pues el exilio me había traído una libertad especial. En Dade Elementary, por primera vez, mi hermano Pepe y yo íbamos solos a la escuela todas las mañanas. Después de terminado el día escolar, él regresaba a la casa y yo me dirigía al parque o al Boys Club, donde permanecía hasta caer la noche. En Cuba ninguno de nosotros iba a pie al colegio, y mucho menos andaba suelto por las calles. En La Habana mi vida transcurría casi exclusivamente en ese espacio liminar entre lo público y lo privado que es el ámbito doméstico. Siempre estaba rodeado de primos y amigos, pero carecía de independencia. Los niños que jugaban en las calles y que asistían a las escuelas públicas eran "chusmas," mientras que nosotros éramos "personas decentes," y las personas decentes no andaban solas por las calles.

Cuando llegamos a los Estados Unidos, estas prohibiciones se relajaron, en parte porque mi mamá ya no tenía tiempo para supervisarnos con tanto ahínco, y en parte porque ella pensaba que en Estados Unidos había menos chusmería. Siempre que acatáramos ciertos límites, podíamos andar por nuestra cuenta. Aunque al vagar por las calles de mi barrio me sentía solo y aislado, no me importaba cambiar soledad por libertad. Me gustaba sobre todo pasearme por las casas de las muchachas de las cuales estaba enamorado, o con las cuales "estaba metido," ya que ésa es la expresión que hubiera empleado entonces. Lo que los americanos llaman un *crush* y lo que otros hispanos a veces llaman una "chifladura" para nosotros era una "metedura"—palabra de engañosa alusividad fisiológica, ya que nadie metía ni sacaba nada. La metedura era sólo un amor adolescente, feroz pero fugaz.

Uno de los objetos de mis suaves meteduras era Jocelyn, una chica de unos once o doce años que ostentaba una sedosa cola de caballo que le llegaba hasta la cintura. Jocelyn era altiva e inaccesible —una *femme fatale* impúber. Parecía desdeñar a todos sus pretendientes, o por lo menos a mí. Era el tipo de muchacha que, años más tarde, daríamos en llamar "una yegua americana," frase que manifestaba la reverencia y hasta pavor que sentíamos hacia esas americanitas quienes a menudo eran más altas que nosotros. Una de las características de las yeguas era su total indiferencia ante las payasadas más extravagantes de parte de sus pretendientes. Y si insistías demasiado al cortejarla, te salían con una patada. Así era Jocelyn. Siempre la recuerdo con pantalones de pescador y una blusa blanca sin mangas. Todavía no se afeitaba. Tenía ojos color caramelo y carnosos labios rosados, y yo probablemente hubiera entregado el almacén a los comunistas a cambio de un besito en la mejilla.

Mi otra musa, Brigitte, era más abordable pero menos seductora. Era una rubia de pelo corto y de dientes botados que siempre se comportaba con la familiaridad de una prima. Aunque ni Brigitte ni Jocelyn se habían desarrollado físicamente (el caso es que Mrs. Myers tampoco), ambas me resultaban deliciosamente deseables. A Jocelyn nunca la llegué a conocer, pero Brigitte me puso de apodo "Speedy Gonzalez" porque decía que yo siempre corría cuando pasaba por su lado (no era apuro, era timidez). Interpreté el nombrete como una muestra inconfundible de amor, confirmación de que la metedura era mutua, y me convertí en su fiel pretendiente. El momento culminante de nuestro noviazgo silencioso ocurrió cuando me tocó su nombre en la rifa del día de los enamorados.

Al volver sobre mis pasos treinta años más tarde, me sorprende notar lo cerca que están esos lugares que solía frecuentar. La casa —donde mis padres viven aún— está a cuatro o cinco cuadras del colegio, y el colegio a cuatro o cinco cuadras del Boys Club. Las casas de Brigitte y Jocelyn estaban entre el colegio y el Boys Club. Pero en aquellos tiempos una travesía de sólo unas cuadras me parecía una aventura azarosa. De regreso a mi casa cada anochecer, me veía como un aventurero que exploraba tierras incógnitas. Una equivocación y terminaría irremisiblemente perdido. En Cuba solía jugar dentro de nuestro patio amurallado; pero en Miami había espacios abiertos por todas partes —en Dade Elementary, en el Boys Club, en el parque de Douglas Road. Aunque tenía pocos amigos, siempre había un "pitén" o un juego de pelota o de basket o de football en el cual podía participar. Cuando no estaba en el parque o en el Boys Club, me entretenía correteando por el patio, imaginándome que anotaba la carrera decisiva en un partido de los Yankees. A diferencia de la casa del Reparto Kohly, nuestra casa en Miami tenía césped, una de las grandes compensaciones del exilio. Encontré un lugar donde la tierra estaba un poco elevada y, pretendiendo que el montículo era una base, me deslizaba una y otra vez hasta haber dejado sin yerba un pedazo de tierra de dos metros de ancho.

A pesar de mi avidez por todo lo americano (¡y casi todas las americanas!), nunca llegué a convertirme en un cubano arrepentido. Aun en el apogeo de mi norteamericanidad, permanecía fiel a mi historia, lo cual en cierta ocasión me granjeó el enojo de Mrs. Myers. En Dade Elementary lo primero que hacíamos todas las mañanas era recitar el juramento a la bandera norteamericana. Por muy americano que yo fuera para otras cosas, no estaba dispuesto a jurar lealtad a la bandera de otro país. Como al principio me sentaba al fondo de la clase, mi renuencia pasó inadvertida. Pero cuando me cambiaron de asiento, ya no podía disimular. Lo bueno era que ahora yo podía oír a Mrs. Myers, lo malo era que ahora ella me podía ver y oír a mí. Al notar que yo guardaba silencio durante el juramento, me preguntó qué me pasaba. Acudiendo a mi inglés defectuoso, le respondí que no podía jurar lealtad a los Estados Unidos, puesto que yo era cubano. Ella insistió que debía hacerlo, puesto que ya no vivía en Cuba. Yo me resistí a sus insistencias. Como resultado, me mandó de castigo a la cafetería otra vez. Ella siguió insistiendo; yo me seguí resistiendo. Después de unos días se dió cuenta de que yo no pensaba ceder y de que no me convenía pasarme todas las mañanas en la cafetería.

Para sacarnos del atolladero, pidió una entrevista con mis padres. Por esa época Nena y Gustavo no se preocupaban demasiado con lo que pasaba en el colegio —¿qué importaban unos pocos meses en una escuela norteamericana?— pero tampoco querían problemas, porque eso era cosa de chusmas. Era bochornoso tener que ir a hablar con una maestra por la mala conducta de un hijo, algo que nunca había sucedido en La Habana. La reunión tuvo lugar en el patiecito que estaba afuera del aula. Mi mamá tenía cara de tranca. Mi papá se veía muy incómodo sentado en la mesa de picnic. Con su seriedad y serenidad habituales, Mrs. Myers les explicó lo que sucedía y propuso una solución. Estaba dispuesta a aceptar que yo no pronunciara el juramento, siempre y cuando mantuviera la mano sobre el corazón en señal de respeto. Aliviado pero impenitente, reciproqué su ramo de oliva con una fronda de palma: sí, podía hacer eso sin traicionar a mi patria. Al día siguiente Mrs. Myers le explicó a la clase por qué no me unía a ellos en el juramento de lealtad. Los maestros americanos, a diferencia de los cubanos, creían en la utilidad de las explicaciones.

—*Goose-tai-vough* quiere mucho a Cuba —dijo— y como piensa regresar muy pronto a su tierra natal, dice que no sería correcto jurar lealtad a nuestra bandera. Pero sí está de acuerdo en que debe mostrar gratitud y respeto por nuestro país.

Durante las semanas que siguieron, cada vez que la clase recitaba el juramento, tenía la vaga sensación de que me estaba comportando heroicamente. Mientras que los demás muchachos repetían el juramento, yo permanecía parado en la primera fila sin abrir la boca. Esa era mi manera de luchar por la libertad de Cuba. Yo también era un patriota, un mambí miamense.

❧❧❧ ❧❧❧ ❧❧❧

En abril de 1961, llevaba casi cinco meses en Dade Elementary. El día que comenzó la batalla de Playa Girón, me desperté antes de la madrugada al oír el raspeo del radio onda corta que mi padre y su primo Joseíto estaban escuchando. Agachados en la oscuridad, intentaban sintonizar transmisiones de la isla. A esa hora la invasión recién comenzaba, pero ya todos los exiliados lo sabían. Tenemos muchas virtudes, pero la discreción no se cuenta entre ellas. Durante meses habían circulado rumores de una acción militar contra Fidel, y era un secreto a voces que los jóvenes que desaparecían de las calles de Miami se dirigían a Centroamérica para recibir entrenamiento militar. Cuando el día de la invasión por fin llegó, los exiliados estábamos listos con nuestros radios de onda corta y nuestros pasaportes cubanos. Sin duda alguna, la próxima Nochebuena la celebraríamos en Cuba.

Me levanté y me fui para Dade Elementary como de costumbre. Cuando llegaba a mi aula, divisé a Carlitos Reyes, el otro cubanito en la clase de Mrs. Myers, que había llegado a Estados Unidos hacía pocas semanas. Corrimos el uno hacia el otro, nos abrazamos y nos pusimos a dar brincos y gritos. Ya que la caída de la dictadura castrista se ajustaba a nuestra idea de cómo funcionaba el mundo, ya que era lo que las personas mayores siempre estaban vaticinando, celebramos sin reserva. No se nos ocurrió que la invasión podría fracasar. Cuando Carlitos me dijo en voz baja que su hermano formaba parte de la brigada de exiliados, nuestra alegría se empañó momentáneamente, pero en seguida recobramos el ánimo. Nos dijimos que nada le pasaría y nos dimos un último abrazo. Entonces entramos a saludar a Mrs. Myers, que se estaría preguntando qué demonio había poseído a esos dos callados cubanitos. Momentos después, cuando la clase se puso de pie para recitar el juramento a la bandera, pensé que escuchaba estas palabras por última vez.

Esa tarde en vez de dirigirme al Boys Club corrí de vuelta a mi casa. Cuando llegué, los informes de Cuba no eran alentadores, pero la gente no había perdido las esperanzas. Aunque la Brigada 2506 parecía estar al borde de la derrota, todavía quedaba la posibilidad, y hasta la certeza, de que el presidente Kennedy haría algo para ayudarnos. Incluso se hablaba de una posible intervención militar de parte de los americanos. No obstante, en pocos días se hizo patente que la invasión había fracasado y que el gobierno de Estados Unidos no pensaba intervenir. Mi amigo Carlitos y yo habíamos celebrado prematuramente. Su hermano cayó herido y fue capturado por el ejército castrista.

⟣⟢ ⟣⟢ ⟣⟢

Durante los primeros meses en Miami, habíamos vivido con la expectativa de regresar a Cuba en cualquier momento. Aunque no estábamos de vacaciones, era casi como si lo estuviéramos, ya que vivíamos de día en día, sin hacer planes. Dentro de la casa, no había manera de evitar las incógnitas de nuestra situación —mi padre no tenía un trabajo seguro; mi madre se esforzaba por cubrir nuestras necesidades; y parientes y amigos seguían llegando de Cuba. Pero una vez que salía por la puerta cada mañana, las preocupaciones de patria y hogar quedaban atrás. Entonces podía hacer lo que quería, y lo que quería era parecerme a los demás muchachos de mi edad.

Si no hubiéramos residido en Miami, mi asimilación a la vida norteamericana quizás hubiera continuado sin interrupción, y hoy día no sería yo quien estuviera traduciendo este libro al español. Pero tras unos meses de relativo olvido, y en particular después del fracaso de la invasión, mis padres se dieron cuenta de que teníamos que rehacer nuestra vida en Miami, por efímera que fuese. Ello quería decir que tenían que recrear en el exilio nuestras costumbres y rutinas habaneras. Como resultado, mi carrera de estudiante de escuela pública quedó trunca. Al terminarse el curso, mis padres nos sacaron de Dade Elementary y nos matricularon en St. Hugh, una escuela católica llena de exiliados. En vez de ir caminando al colegio, mi madre nos llevaba en el carro que acababa de comprar. Durante el viaje, todos rezábamos en voz alta una oración a Santo Tomás de Aquino, el patrón de los estudiantes, y otra oración por la libertad de Cuba. Nunca más volví a ver a Jocelyn, a Brigitte o a Mrs. Myers.

Tres
Quimeras de la Sagüesera

La Pequeña Habana, a partir de 1961

Nuestra casa en Miami tenía dos dormitorios, sala, cocina y una saleta que en Miami le llaman *Florida room*. Mis dos hermanos y yo dormíamos en el sofacamas del *Florida room*. Abuela Martínez dormía en uno de los dormitorios, y mis padres y mi hermana en el otro. Al principio Constantina vivía sola en el apartamento de arriba, pero después de un tiempo tuvimos que alquilar los altos, y ella se mudó para abajo con nosotros. Para hacer espacio mi madre compró tres escaparates portátiles con los cuales dividió en dos el *Florida room*. Los muchachos dormían de un lado y Abuela Martínez del otro. A Constantina le tocó el dormitorio, aunque no por favoritismo sino por necesidad, ya que pesaba más de doscientas libras. Era tan grande como su nombre.

Por varios años, este apretado apartamiento de unos 800 pies cuadrados sirvió de hogar y guarida a una abigarrada familia de nueve personas: mis padres, dos viejas que casi no se hablaban, cuatro varones entre siete y dieciseis años de edad (Carlos Rego, el hijo de unos amigos de la familia que se habían quedado en Cuba, también vivía con nosotros), y mi hermana Mari, que se pasó la niñez durmiendo en el suelo al lado de la cama de mis padres. Éramos gusanos pero vivíamos como sardinas. Mi madre servía las comidas por turno porque no había sillas para todos, y teníamos que compartir el mismo baño, lo cual me dio poca oportunidad de pensar en Aselia. Aunque el dormitorio de mis padres en Cuba era casi tan grande como nuestra casa en el exilio, el convencimiento de que estos arreglos domésticos eran temporarios los hacía más fácil de sobrellevar. Vivíamos como pobres sin considerarnos pobres. En nuestros corazones, seguíamos siendo una familia de comerciantes. Mi madre siempre insistía, "No somos inmigrantes, somos exilados" —y la pobreza era parte del caudal del exilio. Al ser el mayor de los cuatro hijos, había disfrutado más que mis hermanos de nuestra buena posición en Cuba, pero nunca me sentí despojado. Otras cosas me preocupaban más que el dinero —en particular, las Grandes Ligas y los grandes ligues, o sea, los Yankees de Nueva York y las americanas en mis clases. Ni siquiera le prestaba mucha atención a la discrepancia entre nuestro nivel de vida y lo que veía en programas de televisión tales como *Leave It To Beaver*, *Ozzie and Harriet*, *My Three Sons* y *The Donna Reed Show*. Uno de los momentos definitorios de mi adolescencia fue cuando mi imagen mental de Aselia cogiendo mangos fue derribada por la de Shelley Fabares cantando "Johnny Angel."

Como la mayoría de los adolescentes, no me preocupaba mucho por la situación del mundo. Asistía al colegio, jugaba varios deportes, me enamoraba de mis compañeras y recibía lecciones de vida de Carlos Rego, que sabía (o decía que sabía) mucho más que yo. La primera película que vi en Estados Unidos fue *Please Don't Eat the Daisies*, que a mi mamá le encantó porque se identificaba con el personaje de Doris Day —una atribulada madre y esposa acosada por hijos y familiares. A mí también me gustó por parecerme que nuestro hogar —caótico pero contento— era como el de la película.

Para mi padre era motivo de orgullo jamás haber pedido o recibido asistencia del gobierno norteamericano. Durante los años sesenta, el Centro para Refugiados Cubanos (o el Refugio, como le decíamos) daba comida, ropa y una modesta subvención mensual a los miles de cubanos que llegaron a este país sin recursos. A nosotros nunca nos hizo falta, pero como teníamos amigos que no consumían toda la comida que se les daba, la despensa de la casa siempre estaba abastecida con leche en polvo, Spam, pétreos bloques de queso americano y otras delicadezas del *Army Surplus*. Mi mamá hacía maravillas con estos ingredientes. Uno de los platos cubanos más comunes es el bistec empanizado. Pero la carne, claro, era demasiado cara (compensación: ¡se acabó el bistí!), de modo que a Nena se le ocurrió cortar los pedazos de Spam en lascas de media pulgada, envolverlas en una gruesa capa de galleta molida, y servirnos un simulacro de bistec (sin revelar que el bistec no era precisamente filete). Si le preguntábamos que había para comer esa noche, nos contestaba con la mayor naturalidad, "bistec empanizado." Al poco tiempo nos dimos cuenta de que el bistec no iba a saber a bistec. El Spam se convirtió en la carne para todas las sazones. Con la "carne del Refugio" Nena también preparaba albóndigas, lasagna, fritas y picadillo. En los almuerzos del colegio llevábamos sándwiches de Spam; para los cumpleaños hacía croquetas de Spam. Otros productos le permitían mostrar igual creatividad: con mantequilla de maní hacía galleticas, batidos y pastelitos; con leche y huevos en polvo, natilla, flan y cake.

Suena raro, pero me demoró años percatarme de que nosotros no disfrutábamos del nivel de vida de una familia de la clase media. Durante esos buenos y malos tiempos, todo el mundo vivía igual —"en la fuácata." Todos comíamos carne del Refugio; todos estábamos apretujados en pequeñas casas y *efficiencies*; nadie tenía un kilo. Ya estaba en la escuela secundaria cuando por fin tuve un amigo con cuarto propio, y hasta que mi hermano Pepe se fue para la universidad, compartimos una habitación. Las familias con la buena fortuna de poseer un automóvil andaban en cacharros antiquísimos —los famosos *transportations*. Los demás tenían que viajar en guagua. A mí me parecía que nosotros estábamos mejor que la mayoría de la gente, ya que mi padre, que consiguió empleo en una agencia de automóviles, se había comprado un pisicorre Rambler que mi madre manejó por muchos años. Sin ser precisamente un Cadillac, era la envidia de la cuadra.

Durante los primeros años de exilio, el área cubana de Miami era una armoniosa comunidad de familias en constante lucha para sobrevivir. Al sabernos superiores a nuestras circunstancias, no sentíamos vergüenza de ser pobres. Para los mayores, la única meta era resolver hasta el ansiado día del regreso. Para los jóvenes, el exilio era una aventura. A cada rato íbamos al aeropuerto a recibir a parientes o amigos que llegaban de la isla. Recuerdo el día que mis antiguos maestros, los Hermanos de La Salle, arribaron en grupo. En aquella época uno podía subir al techo de la terminal y saludar a la gente mientras se bajaba del avión. Después de darles la bienvenida en el aeropuerto, fuimos al hotel Everglades, en el centro de Miami, donde iban a hospedarse. En el lobby, rodeado por pequeños corros de antiguos discípulos, los Hermanos hablaban sobre la situación en Cuba. Hacía un calor infernal, pero estaban vestidos con sus sotanas negras y sus cuellos almidonados. Allí oí al Hermano Víctor, el sub-director de La Salle del Vedado, hacer el cuento de cómo habían cerrado las escuelas católicas. Como siempre, las malas noticias eran a la vez buenas nuevas, ya que nos llenaban de esperanza.

Para mí esos primeros años fueron la edad dorada del exilio cubano. Dormir todos en un cuarto era divertido. El ir y venir de gentes era divertido. Apiñarnos todos en el Rambler para ir al cine al aire libre en una noche cálida de verano también era divertido. A pesar del inglés, las escuelas americanas eran más fáciles que La Salle. ¡Y para colmo en las clases había "chiquitas"! Enamorarse de las americanas, lo cual Carlos Rego y yo hacíamos con espantosa regularidad, nos llenaba de placer. A diferencia de las cubanas, las americanas nos dejaban tomarlas de la mano y hasta besarlas.

Ya que por esa época mis hermanos todavía eran niños, Carlos Rego se convirtió en mi guía y compañero de aventuras. Como uno de mis hermanos también se llamaba Carlos, a Rego le decíamos "Rig" o "Rigo," americanizando su nombre igual que Mrs. Myers había hecho con el mío. Él me decía Gus o Junior. Carlos y yo hacíamos deportes, salíamos en *double dates*, íbamos a *beach parties* en Crandon Park, y nos entregábamos con abandono a los bailes que estaban de moda—el *twist*, el *monkey*, el *frug*, y sobre todo el *mashed potato*, que era nuestra especialidad por asemejarse un poco al chachachá. Su noviecita se llamaba Marti, una rubia salida del plato, y yo salía con su mejor amiga, Nancy, que no era ni tan rubia ni tan salida y a veces tenía mal aliento, pero que estaba interesada en mí y no tenía novio. Hasta cuando Carlos y yo reñíamos y dejábamos de hablarnos por un par de días —lo cual también sucedía— lo pasábamos bien. Una vez, como resultado de un desacuerdo sobre quién debía cortar el césped, le caí a rastrillazos. Él se defendió intentando cercenarme las piernas con la máquina de cortar yerba. En Cuba, si hubiéramos tenido un césped, que no lo teníamos, ninguno de los dos hubiera tenido que ocuparse de él, pues para eso estaban los jardineros.

⌒⌒ ⌒⌒ ⌒⌒

En septiembre de 1963, cuando entré al noveno grado, La Salle ya tenía muchos alumnos cubanos, aunque todavía la mayoría del estudiantado eran muchachos con apellidos como Koziol y MacSwiggan y Perantoni. Ellos eran los que sobresalían en los equipos de deportes, los que ocupaban los puestos importantes en las organizaciones escolares, los que escribían para el periódico y editaban las memorias. Pero varios años después, la escuela secundaria que los americanos llamaban "La Sal" se había cubanizado hasta convertirse en una prolongación de mi antiguo colegio habanero. Algunos de los maestros eran norteamericanos, pero también había Hermanos y estudiantes que yo conocía de La Habana. Durante mis cuatro años en La Salle, tuve compañeros que habían estado en mis clases desde el primer grado. Nuestro maestro de español era el Hermano Andrés, que había sido mi maestro de tercer grado en Cuba. (En Miami al Hermano Andrés no le quedaba más remedio que enseñar español porque no sabía una "papa" de inglés.) Elio el guagüero, quien nos llevaba a los juegos, también había conducido un autobús en Cuba.

El maestro de química, el Hermano Ramón, era otro transplantado. Y digo transplantado porque su nombrete era "Plátano," ya que su tez amarillenta y su figura espigada le daban un vago aspecto frutal. A diferencia de los demás Hermanos, Plátano era un solitario que siempre llevaba una expresión meláncolica en la cara, como si hubiera sido víctima de alguna gran tragedia. Nunca lo vi sin sotana. Si me cruzaba con él en los pasillos, reconocía mi presencia levantando ligeramente la cabeza y moviendo los labios un poquito, pero sin deternerse o pronunciar palabra. Dentro de la clase, se comportaba igual. Nada de chistes o de informalidad. Veneraba la química, aunque a veces su amor lo traicionaba. Lo que le aconteció a la Armada Invencible le acontecía a él: era derrotado por los elementos. Aunque Plátano preparaba cada experimento con parsimonia, la reacción esperada no ocurría, o quizás ocurría una reacción que él no esperaba. Cuando explotaba alguna probeta, quedaba tan sorprendido como nosotros, pero rápidamente recuperaba su compostura. Aceptaba el fracaso con serenidad y resignación, como si fuera una consecuencia inevitable del exilio. Su triste expresión parecía decir, "En Cuba el sulfuro y el magnesio no me hubieran hecho esto. En Cuba las reacciones químicas salían mejor." Si alguien se burlaba de él, lo regañaba en español —la única circunstancia que lo hacía abandonar el inglés, que hablaba correctamente pero con mucho acento. "Oye, chico," le decía con severidad al culpable, "nosotros no vinimos a este país para perder el tiempo."

Con la llegada de más y más exiliados, La Salle se convirtió en el *high school* cubano de la diócesis. Aunque todavía quedaban algunos americanos, el ambiente del colegio se había criollizado. Si los bailes empezaban con "Mustang Sally," terminaban con "Seis lindas cubanas." Tarde o temprano, alguien formaba una comparsa, y entonces nos desparramábamos por la cafetería al ritmo de una conga. Aunque mucha gente usaba apodos americanos —Gus (Pérez), Alex (Rey), Willie (Díaz), Charlie (Castillo), Joe (Martínez), Manny (Álvarez)— hablábamos español entre nosotros y nos considerábamos insobornablemente cubanos. A la vez que absorbíamos la cultura norteamericana, tendíamos a cubanizarla. En fútbol un *tackle* era un "palo" (vocablo utilísimo, ya que también designaba un trago, un batazo fuerte y relaciones sexuales); en baloncesto —le decíamos siempre "basque"— un tiro bloqueado era un "tapón." Un muchacho estudioso era un "mechero"; un borrachín era un "curda"; y las americanas bonitas eran "yeguas" (sus contrapartidas cubanas eran "jebitas"). El *cheer* más popular del colegio lo habíamos traído de Cuba:

> Bon-bon-chíe-chíe-chíe,
> bon-bon-chíe-chíe-chá.
> La Salle, La Salle,
> rra-rra-rrá.

El punto de mayor emoción durante cada partido era cuando el grupo de *cheerleaders*, las chicas que organizaban los vítores y que eran todas americanas (las cubanas no estaban dispuestas a exhibirse de esa manera), iniciaba un "bon-bon-chíe." Igual sucedía con "jácara-cachín-jácara-cachao" —otro vítor importado de Cuba, aunque éste le costaba mucho más trabajo a los americanos. Era emocionante ver a esas ágiles y atrevidas chicas como Marti y Nancy dirigir a un molote de ruidosos muchachos cubanos en un "bon-bon-chíe." Mientras duraba el vítor, nos parecía que estábamos de regreso en la isla, que el rumbo de nuestras vidas no había virado hacia el norte. Aquí estábamos, jugando deportes como fútbol y básket, haciéndolo casi tan bien como los americanos, y gritando las mismas consignas que hubiéramos gritado en Cuba.

Si a los americanos les molestaba el "bon-bon-chíe" y los otros vítores en español —"¡La Salle, seguro, a Pinecrest dale duro!"— nunca lo manifestaron, pues se lanzaban a gritar con el mismo entusiasmo que nosotros. Lo que sí recuerdo es que a los padres y maestros americanos parecía divertirles nuestro entusiasmo. Tal vez el hecho de que todos éramos católicos ayudó a fomentar un ambiente de solidaridad y comprensión. Pero si alguien sentía superioridad, éramos nosotros, ya que ellos no habían tenido la suerte de haber nacido en Cuba. La única diferencia entre los cubanos y los americanos era que ellos tenían carros y casas elegantes. Ellos se paseaban en un GTO del año y vivían en Coral Gables o South Miami. Nosotros andábamos en cacharros y vivíamos en *efficiencies* y apartamenticos en la Sagüesera. Al rebuscar mi memoria, no doy ni con un solo incidente de discriminación o fricción entre americanos y cubanos. Todo lo contrario. Recuerdo que al regresar de los partidos de fútbol en la guagua nos poníamos todos —al menos, a mí me parecía que éramos todos— a cantar canciones en español como "Los elefantes" y "Guantanamera." Nunca escuché a ningún americano quejarse de los cubanos y su música. Un muchacho en el equipo de fútbol, Carlos Ziegenhirt (le decíamos Ziggy), tenía una voz estupenda. Cuando nos cansábamos de cantar en coro, Ziggy se ponía a interpretar boleros como "Sabor a mí" y "Tú me acostumbraste." La oscuridad del autobús era el acompañamiento ideal para esas melodías románticas. Mientras Ziggy cantaba, yo soñaba con mi musa de turno. Ya hubiera querido Johnny Mathis en un día de fiesta cantar como el cubanito de apellido Ziegenhirt.

En La Salle los cubanos y los americanos nos manteníamos apartados, pero sin enemistad. Cada grupo tenía sus costumbres, sus "piñas" o grupitos, sus lugares favoritos, su manera de ser y de expresarse. Cuando montábamos una fiesta, lo hacíamos con otros cubanos. Cuando peleábamos, lo hacíamos con otros cubanos. Aunque de vez en cuando alguien se echaba una novia americana (lo opuesto —un americano con una cubana— era raro, ya que casi todas las cubanas requerían chaperonas), casi todos terminamos casados con cubanas. A veces los cubanos adoptábamos costumbres norteamericanas—organizábamos un *beach party* o íbamos en parejas a un *drive-in*. Pero gran parte del tiempo permanecíamos fieles a nuestras tradiciones—tolerábamos a las tías y hermanas que hacían de chaperonas y aprendíamos a bailar el danzón para celebrar los quince de nuestras novias y compañeras. La costumbre de mantenernos con los nuestros no era rígida ni explícita, y nadie me dijo nunca a mí o a ninguno de mis amigos que debíamos salir con cubanas y mantenernos alejados de las americanas. Lo hacíamos porque era lo que nos gustaba. Las americanas tenían su indudable atractivo, pero las cubanas te trataban mejor. Sí, una novia cubana exigía —y recibía— más atenciones, pero a cambio te mimaba más que las americanas. Por cada rubia, había una linda trigueña como Ana María, mi novia de varios años.

Las americanas eran un pasatiempo, una aventura, una gestión diplomática. Por un tiempo durante mi último año de secundaria, mi mejor amigo era un muchacho que se llamaba Grifolito (era el menor de dos hermanos de apellido Grifol). Los viernes por la noche Grifolito y yo íbamos a unos bailes patrocinados por la *Police Benevolent Association*. Como tenían lugar en South Miami, casi todos los concurrentes eran americanos. Por esa razón, eran fértiles campos de caza para cubanitos muertos de hambre y locos de amor como Grifolito y yo. Por esa época la palabra que usábamos para describir la actividad de enamorar a una muchacha era "ligar," y Grifolito era un ligador sin par. No sé cuál sería su secreto —sus ojos claros, su talante de conquistador o su escasa vergüenza —pero siempre tenía éxito. Después de terminados los bailes, a menudo yo tenía que esperar en el carro quince o veinte minutos hasta que Grifolito —nuestro ministro de relaciones exteriores en el exilio— concluía su delicada misión. A veces después de bailar sólo una o dos piezas conseguía pasarse el resto de la noche afuera, llevando a buen término su embajada de buena voluntad.

Un viernes yo andaba perdido entre la gente, tratando de que Grifolito no notara que no había ligado, cuando me tropecé con un americano. El tropiezo produjo un empujón y el empujón produjo un enfrentamiento. De pronto, me di cuenta de que estaba rodeado de una horda de gringos gigantescos —de esos que, como dijo una vez el poeta Jorge Oliva, "cagan pura proteína." Yo no era ningún tísico, pero por muchos ejercicios que hacía y por mucho que comía nunca llegué a pesar más de ciento cincuenta y siete libras. (La carne del Refugio nunca fue rica en proteínas.) Grifolito, que era más fornido que yo, vino a ayudarme, pero la situación era precaria. Anticipaba una repetición de la guerra entre españoles y americanos, salvo que no iba a concluir con nuestra independencia. A mí no me importaban las broncas, y mi pandilla (por esa época le decíamos "fraternidad") había participado en varias, pero siempre contra otros cubanos, que podían ser más fuertes o feroces que yo, pero que no eran tan grandes como estos tipos estereotípicos.

Grifolito y yo no sabíamos bien qué hacer, estábamos a punto de tener que devolverle a los Estados Unidos todo el Spam y la leche en polvo que habíamos comido ese día, cuando de pronto sucedió un milagro (por algo éramos católicos). Aparecieron dos caras conocidas, las de Pete Apeland y Buzzy Horne, que habían estado en la clase de Mrs. Myers y habían sido compañeros míos en el Boys Club. Aunque hacía años que no los veía, me acordaba bien de ellos, y sobre todo de Pete, que era primo de Jocelyn Brady, mi adorado tormento. Cuando jugábamos en los mismos equipos en el Boys Club, Pete y Buzzy eran bajitos y remigíos, pero en un par de años habían crecido muchísimo (yo dejé de crecer poco después de llegar a Miami —habrá sido el trauma del exilio). Pete me sacaba una cabeza y lucía una cicatriz que le llegaba desde la frente hasta la mejilla. Buzzy era más grande aún; se parecía a Ray Nietzsche, pero con más pelo. Cuando Pete me vio, se abrió paso entre los espectadores y se interpuso entre mi contrincante y yo. Con Buzzy a su lado, le dijo, "Gus es amigo mío. Si te vas a fajar con él, te tienes que fajar conmigo también." ¡Dios bendiga a los americanos de seis pies y doscientas libras! Teddy Roosevelt se retiró refunfuñando, no se derramó sangre cubana esa noche, y Grifolito y yo volvimos a nuestra misión: alcanzar el *American Dream*—o sea, ligar a la americana de nuestros sueños.

ᑲᕆᕙᕐ ᑲᕆᕙᕐ ᑲᕆᕙᕐ

Para bien y para mal, los cubanos encaramos las desgracias con ligereza. En tiempos difíciles, acudimos al "relajo" o "choteo," un tipo de humor que nos ayuda a sobrellevar las malas pasadas del destino. Endulzado con un poco de choteo, el destierro se hacía menos agrio. Hasta "La Sal" podía ser dulce. El famoso Spam se convirtió en tema de burlas, al igual que las "factorías" donde mucha gente trabajaba por una miseria. Así como mi madre y sus amigas compartían recetas para la mantequilla de maní y los huevos en polvo, mi padre y sus amigos intercambiaban chistes sobre "el caballo" (Fidel Castro) y los "comuñangas" (los simpatizadores de la Revolución). Las guaguas miamenses, notoriamente tardías, eran "la aspirina" —se tomaba una cada tres horas. Muy pronto empezaron a desfilar por Miami personajes pintorescos. Un señor que había sido sargento de Batista acostumbraba pasearse por La Pequeña Habana con un retrato del dictador: le pusieron "el hombre del cuadro." Un travestí que ostentaba su rara belleza por la Calle Ocho se ganó el mote de "La engañadora," el título de un famoso chachachá. En las fiestas ya no se bebían Cuba Libres sino "Mentiritas" (porque Cuba no era libre). Una vistosa exiliada conocida como "Beba de Cuba" daba fiestas fastuosas cada veinte de mayo, la fecha en que se conmemora la independencia de la isla. Para la celebración Beba se envolvía en una bandera cubana y se ataba las manos y los pies con cadenas de oro (su marido era joyero).

A eso de la medianoche, los invitados empezaban a gritar, "Beba, ¡suelta las cadenas! Beba, ¡suelta las cadenas!" Poseída por el espíritu de José Martí (decía ella), Beba empezaba a temblar y a sacudirse hasta que se despojaba de las cadenas (y de parte de su vestuario)—una alegoría de la liberación de la isla esclava.

A medida que fueron pasando los años, los exiliados empezaron a tomar posesión de la ciudad. Lo que era tan sólo "un pueblo 'e campo" se transformó en "la capital del exilio." Como Adán en el paraíso, nombramos las cosas que poblaban nuestro entorno. A veces los nombres ingleses se hispanizaban: igual que South West se transformó en "la Sagüesera," North West se transformó en "la norgüesera." Miami Beach era "la playa" y Key Biscayne "el cayo" (también se le decía en broma "Hialeah by the Sea" —Hialeah es un reparto de clase trabajadora que está en una esquina del condado Dade). En otros casos, se trasladaron nombres de Cuba. Un grupo de apartamentos cerca de la Calle Ocho se conocía como "Pastorita," el nombre de la ministro de vivienda del gobierno de Castro. La esquina donde los exiliados se reunían para hablar de política era "la ONU"; y otra esquina donde jugaban al dominó era "el parque del dominó." Para los jóvenes —que pensaban menos en política que en otras cosas— Crandon Park se conocía como "palito *beach*," pues ahí se dirigían las parejas a hacer sus cosas. El hecho de que las calles de Coral Gables ya tenían nombres españoles —Sevilla, Granada, Romano— confirmaba que el destino de Miami era convertirse en una ciudad hispana. Durante los años setenta tantas secciones de la ciudad fueron invadidas por cubanos, que en los guardafangos de sus carros los americanos empezaron a exhibir letreros con la siguiente petición: *Will the last American please take the flag?*

Es difícil describir ahora, más de veinte años más tarde, el extraordinario ambiente de esos años. Nos pasábamos los días en estado de alerta, a la espera de algún acontecimiento en Cuba. Como fanáticos religiosos en la víspera del milenio, estábamos seguros que algo grande sucedería en cualquier momento. El regreso a Cuba, que parecía inminente, era nuestra obsesión. Miami era como un velorio irlandés, con la misma mezcla de recogimiento y animación, pero con la diferencia de que nosotros esperábamos que el muerto resucitara en cualquier momento. Para el final de la década de los sesenta, el resto del país padecía violentas convulsiones políticas y sociales, pero nosotros casi no nos enteramos, porque lo único que nos importaba era Cuba. Incluso la guerra de Vietnam, que tanta discordia provocó entre norteamericanos, nos importaba sólo en la medida en que iba a afectar la política estadounidense hacia Cuba. Aunque la mayoría de los exiliados apoyaba la guerra, también nos dejaba algo perplejos: ¿por qué cruzar medio mundo para detener el comunismo cuándo se podía combatir a noventa millas? Yo no tenía ningún deseo de que me llevaran para Vietnam, pero sí me apunté en Alpha 66, una organización de exiliados que llevaba a cabo ataques contra el régimen de Castro. (Al carecer de entrenamiento militar, nunca llegué a participar en Alpha 66, pero mi membresía nominal casi me impidió poder hacerme ciudadano norteamericano diez años después.)

Dentro de casa, el radio siempre estaba sintonizado en una de las estaciones cubanas —la Fabulosa, la Cubanísima— donde las discusiones de política rara vez daban paso a alguna antigua canción cubana o a un programa nostálgico, como La Tremenda Corte. Uno de los programas más escuchados lo protagonizaba un señor que había sido cartero en La Habana. Las oyentes llamaban y le daban una dirección. El cartero tenía entonces que determinar qué edificio o monumento correspondía a esa dirección. A veces alguien daba las señas de su propia (y expropiada) residencia, y por lo general el cartero acertaba con la respuesta. Yo tenía la costumbre de escuchar el programa con Abuela Martínez, que también tenía una estupenda memoria de calles y edificios habaneros, y me maravillaba de cómo el cartero podía recordar los detalles más nimios de la topografía de la ciudad. Sólo recuerdo una ocasión

cuándo quedó mal: algún vivo llamó para preguntar qué había
frente a cierto edificio en El Malecón, una de las avenidas
principales de la ciudad. El cartero contestó con el nombre de
un monumento, pero no era ésa la respuesta correcta. Frente
a El Malecón, estaba el Mar Caribe. (Y cruzando el Mar
Caribe estábamos nosotros, recreando en la memoria la ciudad
perdida.)

Años más tarde, la gente joven solía mofarse de este tipo
de programa con la frase, "Más música y menos bla-bla-blá."
Pero por muchos años, todo lo que queríamos era bla-bla-blá,
siempre y cuando el tema fuera Cuba. Las noticias de la isla
eran nuestro aliento vital. El radio en la mesita de noche de
mi padre siempre estaba puesto en Radio Reloj, una estación
que decía la hora y daba noticias minuto por minuto (algo así
como un CNN *avant la lettre*). Mientras que el locutor leía las
últimas noticias de Cuba, en el fondo se oía el tic-tac del reloj.
Así era día tras día, semana tras semana, mes tras mes, año
tras año. Todas las mañanas mi padre se despertaba con
Radio Reloj, y todas las noches se dormía de la misma manera. El acompasado y siniestro tic-tac era la música de fondo de
nuestras vidas. Radio Reloj era como una bomba de tiempo
que podía explotar en cualquier momento, que queríamos que
explotara en cualquier momento, pero que nunca explotó, ya
que la noticia que todos ansiábamos nunca salió al aire.

Y sin embargo cada día parecía traer nuevos indicios del
deterioro del régimen castrista. Cundían rumores de algún
alzamiento en la montañas, o algún recién llegado compartía
anécdotas dolorosas sobre la escasez de comida o medicinas, o
el Departamento de Estado promulgaba alguna declaración
contra Castro. Estos rumores se arremolinaban en La
Pequeña Habana como ráfagas de ciclón. Alguien llamaba a
mi casa con la noticia de última hora y mi padre a su vez llamaba a sus amigos y familiares. Aunque seguramente era una
"bola," una noticia falsa, el rumor se propagaba. Durante años
y años bolas de todos los tamaños rodaron por las calles de
Miami, lanzadas no sólo por individuos sino por las estaciones

de radio y los numerosos "periodiquitos." Ya que algunas bolas fueron bromas primero, el relajo intervenía aquí también. No hay exiliado cubano que, alguna vez, no haya recibido una llamada de un amigo diciéndole, en una voz empapada de emoción, "Chucho, ¡se cayó Fidel!" Y si uno era el que echaba la bola a rodar, lo más probable era que en poco tiempo la bola regresara a su dueño. A mi padre le divertía hacerle esto a Tía Cuca, que como vivía en Nueva York siempre estaba sedienta de noticias de Cuba. Cuando la llamaba con la bola de que había ocurrido un atentado en Cuba, en media hora alguien llamaba a casa con la noticia de que Fidel estaba muerto.

Durante años vivimos así, rebotando entre la esperanza y el desconsuelo, lanzando bolas y lamentándonos cuando se desinflaban. Las noticias de Cuba eran alimento y narcótico —nos llenaban de embullo, calmaban nuestras ansiedades y nuestro desespero— pero a la vez nos adormecían. Al menos en mi familia, el hábito de la esperanza ayudó a sobrellevar el exilio, pero también nos impidió trascenderlo para construir una vida que no dependiera de un hipotético regreso. Si hubiéramos pensado menos en el pasado y el futuro, quizás nos hubiéramos fijado más en el presente. Pero en lugar de arraigarnos en el aquí y ahora, vivíamos soñando con la isla que habíamos abandonado.

దుల్లు దుల్లు దుల్లు

Miami es una ciudad de espejos y espejismos. Bajo el implacable sol de la Florida, el vidrio de los rascacielos se quiebra en miríadas de reflejos. Apenas tocando tierra, la ciudad flota en un mar de imágenes y anhelos. Durante los años sesenta y setenta, cuando el regreso era nuestra idea fija, apenas pasaban unas semanas sin que apareciera un nuevo redentor. Estos mesías mensuales siempre prometían lo mismo: sacarnos del desierto del exilio y llevarnos de vuelta a nuestro paraíso insular. Algunos de estos hombres eran honestos; otros eran ladrones u oportunistas. Pero uno de ellos, el iluso por excelencia, excede todos los calificativos. Su bola fue monumental.

José Francisco Alabau Trelles pertenecía a una distinguida familia cienfueguera. Tras de graduarse de la Facultad de Derecho de la Universidad de La Habana, regresó a Cienfuegos para ejercer su carrera. Poco tiempo después se inició en la vida pública con comparecencias en programas radiales y artículos en periódicos y revistas. En 1958 adquirió renombre nacional cuando encausó a dos esbirros de Batista por el asesinato de cuatro estudiantes. Ese mismo año publicó una versión moderna de la vida de Jesucristo, quizás previendo que él mismo estaba destinado a convertirse en otro profeta sin honor en su propio país. Cuando los cargos que había presentado fueron invalidados por el Ministro de Justicia de Batista, Alabau tuvo que abandonar su patria. Al regresar tras el triunfo de la Revolución, Fidel Castro lo nombró juez del Tribunal Supremo de Justicia. Pero como muchos otros, Alabau pronto se desencantó con el régimen y se exilió por segunda vez.

Una vez en Miami, resumió sus actividades políticas. Al ser ex-juez del Tribunal Supremo, gozaba de prestigio; a menudo se le veía en actos políticos. Haciéndose miembro del Partido Republicano, trabajó por la elección de Richard Nixon en el 1968. Para entonces había fundado un grupo que llamaba El Movimiento Unitario Invasor, y se rumoraba que contaba con el apoyo del Presidente Nixon. La meta del Movimiento Cubano Invasor era infiltrarse en Cuba y establecer un gobierno provisional, con la expectativa de que Estados Unidos lo reconociera y le prestara apoyo.

En septiembre del 1971, Alabau se apareció inesperadamente en una de las estaciones de radio de la Pequeña Habana. Vestía traje de guerra y traía un brazo vendado.

—Hace dos días —comenzó— cuarenta soldados del Movimiento Unitario Invasor desembarcaron en la costa sur de la provincia de Camagüey, donde ocupamos el pueblo de Guayabal tras una feroz batalla. Más de cincuenta soldados comunistas fueron muertos. Después de completada nuestra misión, nos retiramos en perfecto orden y regresamos al lugar de donde habíamos partido, cuyo nombre no puedo divulgar por razones de seguridad. De nuestra parte sufrimos sólo una baja —José Rodríguez Zafra, mártir que vivirá por siempre en los anales de la patria. Yo mismo recibí una herida en el brazo.

Concluyó con una exhortación a todo el pueblo cubano:

—¡Estamos a punto de despertar de nuestra larga pesadilla histórica! ¡Con esta hazaña heroica ha comenzado la fase final de la guerra contra el tirano! ¡Ha llegado el momento para que todos los cubanos, aquí y en la isla, nos unamos a esta gloriosa empresa!

Los exiliados recibieron la noticia con una mezcla de euforia y escepticismo. Si el ataque había ocurrido dos días antes, ¿por qué Alabau estaba vestido como si acabara de regresar de Cuba? ¿Y cómo es posible que no hubieran rumores del ataque? Pero la historia de Alabau era el tipo de noticia que llevábamos años esperando, y queríamos que fuera verdad. Además, Alabau era un hombre educado, venía de buena familia, había sido juez en Cuba y era amigo del Presidente Nixon. Para colmo, tenía fotografías del ataque. Mostraban un edificio resquebrajado y una concretera envuelta en llamas. Tal vez la guerra por la liberación de Cuba había empezado de verdad. Durante las horas que siguieron a las revelaciones de Alabau, la gente no sabía qué hacer y pensar. La "Batalla del Guayabal" era el único tema de conversación.

Aunque para entonces hacía más de diez años que mi familia había llegado de Cuba, nuestras vidas habían cambiado poco. Mi hermano Pepe y yo nos habíamos graduado de La Salle. Yo estaba en mi tercer año en la Universidad de Miami y todavía vivía con mis padres; Pepe se había ganado una beca para New College en Sarasota, una de esas universidades de moda en los años sesenta donde nadie aprendía nada. Carlos cursaba su tercer año en La Salle y Mari recién empezaba en La Inmaculada. Mi mamá estaba trabajando de secretaria en

St. Hugh, y mi padre seguía de vendedor en un lote de carros en la Calle Ocho. Los padres de Carlos Rego por fin habían podido salir de Cuba y Carlos se había mudado con ellos para New Orleans. Para que mi hermana pudiera tener dormitorio propio, Constantina había regresado al apartamento de los altos. Abuela Martínez todavía vivía con nosotros, del otro lado de los escaparates. Para entonces se había quedado ciega y por las noches la oía tropezar con los escaparates mientras buscaba el camino del baño.

En una hazaña digna del mismo Fidel, Alabau permaneció en la radio por nueve horas seguidas. La Batalla del Guayabal ya ocupaba un lugar relevante en la historia de Cuba, más o menos al mismo nivel que el Grito de Baire y el hundimiento del Maine. Aunque mi padre es parco, esa noche sí habló bastante—sobre el regreso, sobre el almacén, sobre la vida que abandonamos y que quizás estábamos a punto de recuperar. Había bolas de otros ataques, y Alabau no negaba nada. Mucha gente, mis padres entre ellos, hicieron donaciones al Movimiento Unitario Invasor. Otros queríamos saber dónde apuntarnos para pelear.

Entonces, igual que siempre, la bola reventó. Varios días después de la legendaria epopeya, uno de los periódicos americanos de la ciudad publicó fotos idénticas a las que Alabau decía haber tomado en Cuba. Un reportero intrépido había invadido una juguetería en la Sagüesera, donde capturó un camión de marca Tonka y un edificio de miniatura. Les echó un poco de gasolina y los prendió con un fósforo. *¡Voilá!* Otro Guayabal. Las fotografías del periódico no se podían distinguir de las de Alabau. El cuento de Alabau adolecía de otras inconsistencias. Su "comunicado militar" declaraba que el ataque había ocurrido a la una de la mañana; sin embargo, en las fotografías la concretera y el edificio arrojaban sombras. Y si uno escudriñaba las fotografías, podía discernir que algunos de los valientes combatientes de Alabau no calzaban botas de combate sino zapatos de tennis. Además, nadie en Miami conocía al mártir José Rodríguez Zafra, cuyo cuerpo había sido agujereado por dieciséis balas comunistas. Finalmente salió a relucir toda la verdad —que todo era mentira. No hubo ataque. No hubo muertos. No hubo heridas en el brazo. No hubo concreteras y edificios dinamitados. El desembarco había sido en Coral Gables, no en Camagüey. Un miembro de la Junta Directiva del Movimiento Unitario Invasor confesó a un reportero que Alabau lo había inventado todo. "Frank no es un hombre malo," dijo su compañero. "Lo que pasa es que está obsesionado con la libertad de Cuba." Más tarde se rumoró que Alabau estaba gravemente enfermo y que le quedaban sólo unas pocas semanas de vida.

Las malas lenguas del exilio no tardaron en descuartizar al pobre Alabau. Algunos observaron que en el argot cubano una guayaba es una mentira. No es casualidad, entonces, que la mítica batalla hubiera sucedido en un pueblo llamado Guayabal. Todo el cuento no era sino una bola en forma de guayaba. Otros convirtieron a Alabau en un ridículo Quijote criollo. Cuba era su Dulcinea; Fidel era el gigante que había que vencer costara lo que costara.

Como Don Quijote, Alabau permaneció incólume ante el escarnio de sus compatriotas. Resucitando su antigua vocación hagiográfica, se comparó con Jesucristo—¡Alabau sea Dios! Los que dudaran de él podían hurgar en la herida del brazo. A los dos meses del supuesto ataque, Alabau empezó a publicar un periodiquito llamado *Invasión*. Los titulares de la primera entrega afirmaban, "¡LA BATALLA DEL GUAYABAL ACABA DE EMPEZAR!" Sin dejarse amilanar por las pruebas irrefutables de que su hazaña bélica había sido una jugosa y amarga guayaba, Alabau seguía proclamando su victoria sobre el comunismo. *Invasión* se publicó durante dos años, hasta que Alabau pasó a mejor vida. Se dice que murió loco.

Pero ¿estaba Alabau loco de veras? ¿Era Frank tan distinto de los demás exiliados? A los cubanos de Miami nunca nos ha parecido un desvarío recrear La Habana al borde de un pantano. Para nosotros no es un descoque abrir una tienda en

Estados Unidos y ponerle en la fachada un letrero que dice, "El mismo de Cuba," o "Aquí desde 1935." Negándonos a aceptar que la distancia nos define, afirmamos continuidades que desconocen tiempo y espacio. ¿No hemos vivido todos nuestro propio Guayabal? El Guayabal de mi padre es el almacén. El Guayabal de mi madre es el Reparto Kohly. Mi Guayabal es dejarme embargar por los sueños de mis padres.

El exiliado vive de la sustitución, se nutre de lo que le falta. Obligados a abandonar La Habana, nos construimos una copia en Miami. Ante las catástrofes de la historia, el remedo es el remedio. El poeta Ricardo Pau-Llosa ha escrito, "El exiliado conoce su lugar, y su lugar es la imaginación." Como Don Quijote, todo exiliado es un apóstol de la imaginación, alguien que le da la espalda a la realidad para crearse un mundo nuevo. No en balde el restaurante más popular de La Pequeña Habana es el Versalles, una casa de espejos y espíritus. Cercado de imágenes, rodeado de reflejos, el exiliado no distingue entre el original y el simulacro, entre el oasis y el espejismo. En este sentido, Francisco Alabau Trelles fue un exiliado típico. La batalla del Guayabal todavía no ha terminado.

∞⧉∞ ∞⧉∞ ∞⧉∞

Durante los años sesenta y setenta, la Calle Ocho era un bullicioso y bullente conglomerado de restaurantes, bodegas, gasolineras, dulcerías, florerías, puestos de frutas, barberías, agencias de automóviles, tiendas de muebles y efectos eléctricos, funerarias, escuelas y botánicas. Según los sociólogos, la comunidad que surgió en torno a Calle Ocho era "institucionalmente completa"; o sea, uno podía llegar al mundo en un hospital cubano y despedirse del mundo en una funeraria cubana, y entre parto y partida no tener necesidad de salirse del reparto. La Pequeña Habana era un paraíso artificial, un reino encantado. Residir allí era vivir en un mundo mejor —mejor que Cuba y que el resto de Estados Unidos.

Muchas de las tiendas en la Ocho eran lo que en inglés se denomina *mom-and-pop stores* —establecimientos familiares. Mientras las abuelitas cuidaban a los nietos, Mami y Papi trabajaban en el negocio. Cuando los nietos crecían, ellos también iban a trabajar. Algunos de los establecimientos se habían fundado en Miami, pero otros se remontaban a Cuba. En la Cuba precastrista uno de los colegios más prestigiosos era Belén, que pertenecía a la orden de los jesuitas y que contaba entre sus ex-alumnos a muchos hijos de la burguesía cubana, entre ellos Fidel Castro y mi padre (Fidel se graduó, pero a mi padre lo botaron). Clausurado en Cuba, Belén renació en un extremo de la Calle Ocho, al costado de una agencia de carros Buick. Igual sucedió con las funerarias Rivero y Caballero, restaurantes como el Centro Vasco, el Carmelo, Casablanca, La Esquina de Tejas, y estaciones de radio como Radio Progreso. Aquí también estaban el parque del dominó y el monumento a los veteranos de Playa Girón.

Antes del influjo de cubanos, *Eighth Street* había sido una calle callada al margen del centro comercial de Miami; pero para el fin de los años sesenta se había convertido en el corazón de una comunidad de exiliados ambiciosos y soñadores. En La Ocho trabajaba mi padre, compraba mi madre, iban al médico mis abuelas. Cuando yo estaba en la universidad y salía con una muchacha cubana, era allí adonde me dirigía. Casi al final de La Ocho, había un restaurante chino-cubano que se llamaba Pekín, donde se podía abrir la cena con mariposas fritas y cerrarla con flan y café cubano. Los dueños eran dos hermanos, Rafael y Federico, nacidos en Cuba de padres chinos, que conservaban un fuerte acento oriental. Delgados como cañas de bambú, les daban la bienvenida a sus clientes presentándose como "Lafael y Felelico." Después de la cena, mi *date* y yo íbamos al cine, quizás al Tower, situado a unas cuadras del Pekín; si me ponía dichoso, acabábamos la velada en "palito *beach*" (un mote un tanto quimérico, ya que en mi caso la dicha nunca le hizo justicia al nombre). Si salíamos a algún baile o concierto y acababa muy tarde, entonces rematábamos la noche con café con leche y tostadas cubanas en el Versailles, que no cerraba sus puertas hasta las cuatro de la mañana, o en La Carreta, que estaba abierto toda la noche.

Debido a que tantos establecimientos de La Pequeña Habana tenían sus raíces en Cuba, era fácil considerar este barrio una prolongación de la capital de la isla. La Habana estaba en todas partes —en el sabor de la comida, el sonido de las voces, los dibujos de los manteles. Detrás del mostrador de Lila's, otro popular restaurante, había un mapa iluminado de La Habana; y en las paredes, grandes retratos de la campiña cubana. Todos los clientes y todos los empleados eran cubanos, así como lo era el punzante olor a plátanos fritos que dimanaba de la cocina. La especialidad de la casa era una palomilla —de niños le decíamos "bistec de suela de zapato"— cubierta de cebollitas y sumergida debajo de una monumental montaña de papas fritas, que por esa época todavía no habían degenerado en *French fries*.

Engendrada por el acoplamiento de memoria e imaginación, La Pequeña Habana no era sólo un sucedáneo sino una alternativa. Muchas cosas que escaseaban en la capital cubana —entre ellas comida y libertad— Miami las tenía en abundancia. La comunidad de exiliados no sólo emulaba La Habana, sino que la completaba. Hace años un museo cubano en Miami presentó una exhibición detallando la historia de la capital cubana desde su fundación. Lo sorprendente era que la exhibición concluía en el 1958. No había un artefacto o una fotografía de los últimos treinta años, como si la ciudad más grande de Cuba hubiera desaparecido del mapa el primero de enero del 1959. Hasta cierto punto esta versión de la historia de Cuba demuestra la tendencia al autoengaño del exiliado, quien se complace en creer que él no abandonó su patria, sino que su patria lo abandonó a él. Incontables canciones y poemas giran en torno a esta fantasía: Cuba cambió, pero yo soy el mismo. Quizás la canción más popular de todos los tiempos entre los exiliados cubanos es "El son se fue de Cuba," sobre un guajiro que visita la capital después del triunfo de la Revolución y no la reconoce —el Malecón está desierto, la gente luce distinta, nadie baila o canta. La razón es que el "son," el alma sonora de la isla, ha optado por el destierro. Desde la perspectiva del guajiro —que aquí se hace vocero del exiliado— la Revolución ha desvirtuado la ciudad, haciéndola menos cubana.

Es una fantasía consoladora, sí, pero no es sólo eso. Si la exhibición del museo cubano concluía en el 1958 era porque de cierto modo la historia de La Habana sí quedó trunca con el triunfo de la Revolución. La ruptura con el pasado fue tan tajante que la ciudad dejó de parecerse a sí misma. Los exiliados bromean que la historia de la isla se divide en A.C. y D.C. —antes del Caballo y después del Caballo. No es sólo un chiste. Debido a los cambios propiciados por la bien llamada Revolución, cabe preguntarse si todavía tiene sentido hablar de Cuba como un solo país. Hace más de cincuenta años el ensayista cubano Jorge Mañach afirmó que la isla era "una patria sin nación." Hoy más que nunca, creo, sus palabras plasman nuestra situación. Los cubanos de dentro y de fuera de la isla pertenecemos a la misma patria, pero no conformamos una nación, no somos el mismo país. Aunque a menudo pienso que yo he cambiado demasiado para poder retomar una vida interrumpida por más de treinta años, igual cabe preguntarse si a aquéllos que permanecieron en la isla no les pasaría lo mismo. Si los cubanos de Miami no tenemos regreso, es igualmente posible que los cubanos de Cuba tampoco tengan regreso. No hay que emigrar para exiliarse —a veces el destierro más profundo nace de la inmovilidad. Igual que un hombre puede verse en un espejo y no reconocer la cara que lo mira, una ciudad y un pueblo pueden llegar a desconocerse.

Así ha sucedido con La Habana: una parte sigue siendo lo que siempre fue, y otra parte ha mudado de aspecto y lugar. Tal vez el museo cubano no incluyó ninguna fotografía reciente porque la historia contemporánea de La Habana se

estaba desenvolviendo en el barrio donde estaba situado el
museo. Para continuar el repaso de la historia de la ciudad,
bastaba con salir a la calle. La Habana de Miami era quizás
pequeña en tamaño y en población, pero recogía parte de lo
mejor de Cuba. La capital disminuida, La Habana pequeña de
verdad, era la que languidecía en el Caribe. El exilio es un
arma de doble filo: mutila tanto al país que se abandona como
a aquéllos que se van. A pesar de que casi todos los exiliados
cubanos llegaron a Estados Unidos sin dinero o posesiones,
trajeron consigo un cargamento de talento y experiencia cuya
pérdida empobreció a la isla. Más de treinta años después, los
cubanos de Cuba todavía están sufriendo y sufragando el costo
del exilio —y nosotros también.

Pero la lección de Miami es que la distancia no es destino.
La Pequeña Habana de hace quince o veinte años, donde pasé
mi niñez y adolescencia, siempre me hace pensar en una frase
de Philip Larkin—*a joyous shot at how things ought to be*. Eso
era la Sagüesera, un esfuerzo por mejorar la historia. No
importaba que las palabras que flotaban en el aire a veces no
se entendían. No importaba que los inviernos eran más fríos y
los veranos más húmedos. No importaba que el cielo era
menos azul y la arena menos fina. Para nosotros, La Pequeña
Habana estaba más cerca del corazón de Cuba que La Habana
misma. *Ser* no es *estar* —una forma de vida no se reduce a un
lugar de residencia. Los cubanos de Miami dejaron su país,
pero no abandonaron su patria.

En los años setenta y ochenta, la comunidad de exiliados
se explayó más allá de la Sagüesera y la Norgüesera. A medida que los exiliados de las primeras olas prosperaron, muchos
se mudaron hacia el sur o el oeste del condado, relocalizándose
en suburbios como Coral Gables o South Miami; otros se
desplazaron más lejos aún hacia Kendall o Perrine. Hialeah,
una municipalidad ubicada en la esquina noroeste del condado
de Dade, creció hasta convertirse en otro núcleo de exiliados;
igual sucedió con Westchester y Carol City. Cuando las
primeras promociones empezaron a emigrar de La Pequeña

Habana, inmigrantes recién llegados ocuparon su lugar. Algunos eran "marielitos," cubanos que llegaron a este país a través del puente marítimo del Mariel durante el verano del 1980; otros eran refugiados o inmigrantes de otras partes de Hispanoamérica.

Hoy en día el Condado de Dade cuenta con más de un millón de residentes de origen hispano, y dos terceras partes de ellos son exiliados cubanos o hijos de exiliados cubanos. El influjo de otras nacionalidades ha hecho de Miami una ciudad más diversa y cosmopolita. Ahora en un viernes por la noche, se puede escoger entre la discoteca colombiana que toca cumbias, la dominicana que favorece el merengue, y la cubana que pone sones y guarachas. Pero mentiría si no confesara que extraño el Miami de ayer, continuación de la Cuba de ayer, que no era una ciudad tan hispana, pero donde casi todos los hispanos eran cubanos. No es xenofobia sino insularismo, el deseo o necesidad de estar entre gente que se me parece. Ahora ya no puedo entrar en una gasolinera y tratar al dependiente con la familiaridad acostumbrada entre cubanos, ya que si el señor que me cobra la gasolina es nicaragüense, no le va a hacer gracia que lo tutee y le diga "mi tierra." Hoy día hay que tantear el territorio, determinar si estás entre cubanos o no, y actuar de acuerdo con las circunstancias. Hace años había dos bandos: nosotros —los cubanos— y ellos —los americanos. Éramos una tribu en ascendencia. Últimamente las cosas se han complicado bastante, pues ya no se sabe quién es qué. Hace años éramos "el exilio," ahora nos estamos transformando en la comunidad latina; estamos efectuando la difícil transición del exilio a la etnicidad. Puesto que yo soy exiliado, estos cambios me desconciertan un poco. Ya perdí mi ciudad una vez, y no quiero volverla a perder.

El problema es que no me siento "latino" sino cubano —cubiche, cubanazo, cubanito (sí señores), *Cuban*. A decir verdad, el "latino" es una raza imaginaria, una ficción numérica. No menos hiperbólico que hipotético, el "latino" existe principalmente para los fines de políticos, profesores, cantantes de salsa y americanos no-hispanos. El rostro adolorido —y adolarado —del latino es un engendro de los medios de comunicación, pues sucede que las personas a quienes se aplica la etiqueta tienden a rechazarla, optando en su lugar por designaciones de nacionalidad—mejicano, puertorriqueño, cubano, dominicano, venezolano, colombiano. (Irónicamente, la encuesta que dio estos resultados se titula, "Latino National Political Survey.") Aunque nuestra diversidad sea engorrosa, capta la realidad de que los hispanos no constituimos un solo grupo étnico, y mucho menos una "raza." Lucimos distinto, comemos distinto, bailamos distinto, hablamos distinto, rezamos y maldecimos distinto. La relativa uniformidad de idioma no garantiza comunidad de intereses o costumbres. Indudablemente, un mejicano se parece a un cubano, y un boricua se parece a un argentino —pero no más que un norteamericano se parece a un inglés, o que un francés se parece a un ciudadano de Quebec.

No hace mucho me pasé una tarde paseando por la Pequeña Habana con el novelista Roberto Fernández, que también se crió por aquí. Entramos en un "timbiriche" —una fonda de mala muerte— que ambos solíamos frecuentar años atrás. El decorado y el menú habían cambiado poco en veinte años, pero el sandwich cubano que pedí sabía a todo menos a sandwich cubano. Roberto comentó que se había convertido en un "sandwich latino." La Pequeña Habana ha entrado a formar parte del folclor urbano de este país, pero ya no existe. Las calles llevan nombres de artistas y patriotas —Celia Cruz tiene su *way* y Martí tiene su *avenue*; los políticos hacen visitas obligatorias a fábricas de tabacos y asilos para ancianos; y a cada rato uno ve a periodistas americanos filmando un reportaje desde un puesto de café. Pero La Pequeña Habana de verdad, la ciudad que conocí y amé, ya ha dejado de existir.

Con sus vidrieras vacías y letreros despintados, la Calle Ocho se ha convertido en un truco de promoción para turistas europeos, que invariablemente quedan decepcionados con lo poco que hay para ver. A veces se les ve deambulando por las calles, con sus cámaras japonesas colgadas del hombro, en busca de algo que fotografiar. Algunos de los lugares mencionados en las guías turistas han desaparecido. El restaurante Casablanca estuvo cerrado por mucho tiempo y La Lechonera está a punto de cerrar. El monumento a los héroes de Playa Girón comparte una cuadra con un McDonald's, y el restaurante Pekín de antaño ha renacido como un Pizza Hut (donde, sin embargo, se sirve pizza "al estilo cubano"). Puesto que la Pequeña Habana fue creada en imitación de otro lugar, siempre tuvo un aire de irrealidad, pero últimamente se ha convertido en un pueblo fantasma. A pesar de los esmerados esfuerzos de la Cámara de Comercio local, la Calle Ocho es un zombie que vuelve a la vida sólo en contadas ocasiones durante el año —cuando se organiza alguna manifestación política o durante la fiesta primaveral llamada *Open House Eight*, un bazar multicultural para consumo de turistas desprevenidos y nativos inocentes. Hoy en día la vida cubana transcurre en suburbios como Kendall y Hialeah.

Sin embargo (y hasta con embargo), ésta es la única Cuba que conozco bien. Mis padres todavía viven en la misma casita que compraron en el 1960. En la esquina está la bodega Polar y a tres cuadras Dade Elementary, que ahora es una escuela para adultos que desean aprender inglés. Este lugar es mi hogar, y me hace falta. Si al pasear por la Calle Ocho encuentro pocos cubanos, me voy a Westchester o a Kendall. Si me contestan en inglés cuando me dirijo a ellos en español, recordaré que yo también me paso la vida hablando un idioma extranjero. Miami me brinda algo que no encuentro en ningún otro sitio —la sensación de pertenencia, de formar parte de una colectividad. En Cuba la cerveza Cristal se anunciaba con la frase, "¿Hay ambiente, mi gente?" Eso es Miami para mí —gente y ambiente. Hombres y mujeres que sienten y hablan como yo, que no se sorprenden de mi anticastrismo y no se asustan al ver dos tabacos en el bolsillo de la camisa. En Miami no tengo que deletrear mi nombre, ni explicar mis chistes, ni disimular mis sentimientos. Cuando estaba en sexto grado con Mrs. Myers, no oía bien. Hoy en día, al ser un cubano extraviado en Carolina del Norte, a menudo me parece que grito a voz en cuello y nadie me oye.

Cuando llego a Miami entro en ambiente no sólo con amigos y familiares sino hasta con extraños que resultan no serlo. Estos encuentros accidentales pueden ocurrir en cualquier lado —una tienda, un restaurante, la oficina de un médico, una gasolinera. Y porque suceden cuando menos los espero, me llenan de alegría. Su insignificancia es parte de su significación. Por ejemplo: hace unos meses fui a Miami para estar unos días con mis padres y como era tarde, la guagüita que me llevó a la agencia de alquilar carros estaba vacía. El chofer era una mujer cincuentona, seguramente hispana pero no necesariamente cubana. Al atravesar las oscuras callejuelas detrás del aeropuerto, de pronto me dijo: "Con todos estos baches se me van a zafar los riñones." Súbitamente, como por arte de magia, entro de pies y cabeza en otro mundo, en otro ambiente. Por la manera en que la señora me ha hablado, sé que es cubana, parte de mi grupo étnico, de mi gente. (Convendría añadirle una categoría más a las planillas del gobierno: Blanco, Negro, Hispano, Indígena, y Mi Gente). Entonces nos ponemos a conversar sobre la mala condición de las calles de Miami, sobre nuestras familias y las asperezas de la vida en el exilio. Aunque no se da cuenta de ello, sus palabras me han rescatado del limbo americano en el cual transcurren mis días, donde el contacto con otro ser humano a menudo se limita al insincero *How are you today?* de las cajeras de los supermercados, que ni siquiera tienen la delicadeza de esperar a que les conteste para despacharme.

Miami no es así —y por eso Miami is *for me*. En Miami hay cubanos gárrulos por todas partes. En Miami las señoras que manejan las guaguas hablan sobre sus riñones. En Miami, sólo en Miami, alquilar un carro puede ser motivo de regocijo. Media hora más tarde, cuando salgo de la agencia en mi Tempo —mi máquina de tiempo— experimento la incomparable sensación de que sí hay regreso.

Segunda Parte

En familia

Cuatro
En la esquina de Paula y San Ignacio

La Pequeña Habana, 1991

El decorado del restaurante, que se llama "La Habana Vieja," remeda el patio interior de una mansión colonial —pasillos con columnas, piso de baldosas blancas y negras y fuente de piedra. Cada una de las columnas ostenta el nombre de una calle de La Habana Vieja, de modo que los comensales pueden hacerse la ilusión de que se encuentran en la esquina de una de esas callejuelas con impresionantes nombres teológicos —Merced, Amargura, Desamparados. Aun si faltan los adoquines y los balcones, la moda aquí es inconfundiblemente "retro." Este restaurante es un modelo en miniatura del corazón colonial de la capital cubana—una pequeñísima Habana.

Casi siempre que voy a Miami mi padre me lleva a almorzar o cenar a "La Habana Vieja." Particularmente en los últimos años, este restaurante se ha convertido en una costumbre compartida, un puente. Al resguardo de los letreros inverosímiles y los murales *kitch*, nuestras vidas dispares confluyen. Ya había estado varias veces en "La Habana Vieja" antes de percatarme de que mi padre siempre se sienta en el mismo lugar, en la esquina de la calle Paula. Y un día por fin caí en la cuenta de algo que debí haber notado desde la primera vez: El almacén estaba situado en la esquina de Paula y San Ignacio; mi padre va a "La Habana Vieja" para sentirse cerca al negocio que heredó de su padre y que mis hermanos y yo íbamos a heredar de él. Ya que no puede llevarme al almacén como lo hacía cuando yo era niño, me lleva a su remedo fantasma.

Cuando estamos allí, en la esquina de Paula y San Ignacio, me habla de Cuba.

—Dime, Gustavito, si se cayera Fidel ¿tú regresarías a Cuba?

En la voz se le nota la aprensión, como si no estuviera seguro de cuál va a ser mi respuesta. Mientras habla juega con el doile de papel, que tiene dibujos de varios monumentos habaneros, entre ellos la iglesia que estaba frente al almacén. La pregunta me inquieta, ya que no sé qué contestar. ¿Volvería yo a Cuba? ¿A qué? ¿A una casa desvencijada y a un almacén que ya tiene ochenta años?

Cuando mi madre nos acompaña, ella me saca del apuro.

—Pero chino —le dice a mi padre—, tus hijos ya tienen su vida en este país. No pueden dejarlo todo para volver a Cuba.

Entonces se vuelve hacia mí.

—Tu padre se cree que tú y tus hermanos pueden dejarlo todo así como así. No se da cuenta de que el tiempo pasa y las cosas cambian. Tú y tus hermanos ya han hecho sus vidas aquí.

Pero hoy Nena no puede interceder, pues se ha quedado en casa con Mary Anne, su nuera americana, y con David y Miriam, sus nietos casi americanos. Piensan pasarse la noche jugando canasta y viendo "The Sound of Music."

Al oír la pregunta de mi padre, decido que no perjudica nada darle la respuesta que busca. ¿Quién sabe? A lo mejor es también la respuesta que yo quisiera escuchar.

—Sí, Papi. Si se cae Fidel, por supuesto que vuelvo a Cuba.

—¿Y qué pasa con Duke?

—Prefiero trabajar contigo en el almacén.

Mi padre no me contesta, pero se le ha iluminado la expresión. Mi respuesta lo hace feliz.

—Ni siquiera tendría que renunciar a mi puesto en seguida —le explico—. Puedo pedirle a la universidad que me de permiso para ausentarme un año mientras levantamos el almacén otra vez.

Mi padre no entiende bien la referencia a los años sabáticos, pero es exactamente lo que quiere oír, que yo me iría a trabajar en el almacén —¡con él! Así es cómo debe ser. Así es como tenía que haber sido. Tal vez no me crea del todo, pero le alegra escuchar que yo prefiero ser almacenista antes que profesor. Mi carrera le es un enigma. Cuando terminé el doctorado, empezó a llamarme "Doctor Pérez Firmat" —pero era un halago ambiguo, lamento no menos que lisonja, un indicio de orgullo pero también una queja por la disparidad de nuestras vidas. Dos cosas en ese título le molestaban —lo de "doctor" y mi segundo apellido, que yo nunca había usado antes. ¿Por qué no me bastaba con Gustavo Pérez, como él?

A veces me dice en broma, "Tú sabes, Junior, yo también soy literato." Aunque ya me sé el chiste, reacciono como si lo oyera por primera vez.

—¿Ah, sí? ¿Cómo es eso, Papi?

—Porque todos se arrodillan ante mi aparato.

Al preguntarme si volvería a Cuba, Gustavo no está sólo conjeturando sobre el futuro. Quiere saber si él y yo todavía nos parecemos. Es menos una pregunta práctica sobre carreras y ocupaciones que una confesión de incertidumbre. Las veces que le he contestado que no volvería a Cuba, cuando le he dicho, por ejemplo, "A mí no se me perdió nada en La Habana," o "No quiero que nos pase lo mismo una segunda vez," también le estaba diciendo, "Papi, no soy como tú, ya no nos parecemos." El residuo de rencor en mis palabras también decía, "Y es más, no quiero ser como tú."

Pero esta noche me dejo llevar por los sueños de mi padre. Gústeme o no, también soy Gustavo, y me parezco a él mucho más de lo que a veces estoy dispuesto a admitir. Además,

¿quién sabe cuál es la respuesta verdadera? Me encantaría poder recuperar lo que nos quitaron —menos por el dinero que perdimos que por el deseo de enderezar nuestras vidas. Puesto que los cubanos tienen que comer, tomaría poco tiempo volver a levantar el negocio. Aunque a veces me creo demasiado tímido para ser un buen comerciante, en Cuba perdería la pena. Los cubanos somos maestros del disimulo: si he podido pasar por profesor, menos trabajo me costaría pasar por almacenista. Mary Anne dice que no le importaría vivir entre cubanos. En el Casino Español, su bikini escandalizaría a las viejas sentadas en la terraza, que no entederían que una mujer de cuarenta años se exhiba de esa manera.

Mientras me dejo embargar por fantasías dulces y salaces, mi padre está perdido en sus propios ensueños.

—Cuando volvamos tú serás el vice-presidente y te pondría en la oficina junto a la mía, la que era de Gutiérrez, que murió el pobre en Venezuela. Carlitos se puede ocupar de los viajantes, ya que tiene jiribilla en el culo. Si María del Carmen quiere, la pongo de tesorera, como tu abuela. Y entonces está tu primo José Ignacio, que ha aprendido mucho trabajando con Jesús García en Nueva York.

Al único a quien Papi no le puede encontrar un puesto es a mi hermano Pepe. Quizás Pepe podría permanecer en los Estados Unidos y ocuparse del negocio aquí.

—Tu mamá siempre está diciendo que no vuelve, y así no tendría que vivir sola.

La comida que nos acaban de servir lo devuelve a la realidad. Ya que la dentadura postiza no le permite mascar bien, ha ordenado ropa vieja. Yo pido lo inevitable —una palomilla con moros y tostones. De niños, mis hermanos y yo —como otros habaneros— les decíamos "plátanos a puñetazos" a los tostones. Habíamos visto a la cocinera Caridad golpear los pedazos del plátano para achatarlos.

Impaciente, Gustavo se queja de que su trago tiene mucha agua, de que el pan está duro, de que le hace falta un plato más para el arroz. El camarero, que no es cubano, lo complace sin amabilidad. Porque mi padre come aquí casi todas las semanas, y porque conoce al dueño, se cree que lo deben tratar mejor. Aunque trato de no darles importancia a sus majaderías, me doy cuenta de que lo que le molesta no es ni la comida ni el servicio. Lo que le fastidia es el contraste entre La Habana del ensueño y La Habana de verdad.

Cuando el camarero recoge la mesa, Gustavo lo regaña porque ha puesto un plato sobre otro. En Cuba los camareros sí sabían servir y recoger, me dice. Durante los postres de natillas y flan, me pone al día de las últimas noticias de Cuba. Otro piloto se fugó, hay rumores de intraquilidad dentro de las Fuerzas Armadas, no hay gasolina ni bombillos. La carne escasea tanto que a la gente le ha dado por hacer picadillo con cáscaras de plátano. Ni siquiera hay jabón, y ya yo sé lo mucho que a los cubanos les gusta el agua. Entonces me recita unos versos que están de moda en Cuba:

No queremos jamón,
no queremos pollo.
Lo que queremos es jabón
para lavarnos el bollo.

En el argot cubano, "bollo" es el órgano sexual femenino.

Pero aunque las cosas en Cuba han ido de mal en peor durante treinta años, nunca pasa nada. De alguna forma, Fidel sigue aguantando. Y quizás aguante muchos años más. Pero esta noche mi padre se siente optimista. Un par de horas antes, en casa, mi madre le había dado un valium para calmarlo, pero ahora se encuentra en su elemento. El whisky le ha levantado los ánimos —el whisky y yo.

Mientras saborea el flan, tararea algún bolero irreconocible.

—Fidel está listo. Tú vas a ver que esta Nochebuena la celebramos en Cuba. Lo bueno que tiene esto es lo malo que se está poniendo.

Hace muchísimos años que le oigo repetir la misma frase. Después del postre llega el café, y con el café prendemos nuestros tabacos. Donde yo vivo, en Chapel Hill, Carolina del Norte, en ningún restaurante se puede fumar tabaco. Una de las pocas veces que mi padre me ha visitado en Chapel Hill, se enfrascó en una bronca por querer fumar en un restaurante. Cuando el camarero le informó que estaba prohibido, mi padre le contestó que él había salido de Cuba para poder fumar su tabaco donde le diera la gana.

Cuando llega la cuenta, hago un ademán de pagar, anticipando que mi padre no me dejará hacerlo. Al calcular la propina deja exactamente el quince por ciento, ni un centavo más ni un centavo menos. Tiene la misma enrevesada firma de siempre, pero su letra se ha achicado mucho. De niño yo me pasaba horas tratando de reproducir —sin éxito— los rasgos y remolinos con que enmarca su nombre.

Después de la comida nos dirigimos al bar que está al lado del restaurante. Como mi padre y yo salimos poco, quiere prolongar la velada. Es obvio que mi padre ha estado aquí antes, ya que el cantinero, que se llama Paquito, lo saluda con naturalidad. Todo el decorado es rojo salvo el mostrador de roble y el piano, donde una mujer toca música cubana de los años cincuenta — "filin" sin *feeling*. Sobre el piano hay una copa con varios pesos sueltos y unas monedas.

Yo pido un Amaretto y mi padre un Cointreau. Es la primera vez que lo veo tomar algo que no sea whisky. En casa siempre es lo mismo —J&B con agua y limón. Al J&B le dice, en inglés, *Jewish Booze*. Resulta que mi padre conoce al cantinero de Cuba. La familia de Paquito tenía una bodega que estaba al costado del almacén.

—Quiero que tú sepas —me dice Paquito—, que todo el mundo en Cuba sabía lo que era J. Pérez. Era un negocio importante. Creo que era el almacén de víveres más grande del país. ¿No es así, Gustavo?

No es verdad, pero mi padre no lo desmiente. Paquito le tiene afecto a mi padre, o es un cantinero astuto. Quizás un poco de cada cosa. Quiere que mi padre quede bien delante de su hijo.

Cuando era niño Paquito se pasaba las tardes en la bodega de su padre viendo los camiones entrar y salir del almacén. Él y mi padre se ponen a discutir si los camiones del almacén salían por Paula o por San Ignacio, y si la fonda de chinos siempre estuvo en la misma esquina. A juzgar por la conversación, Paquito se acuerda del barrio mucho mejor que mi padre. De cuando en cuando Paquito deja de hablar y bebe unos buchitos de un vaso que esconde debajo del mostrador. Papi fuma su Padrón y sorbe el Cointrau con reticencia, como si no le llegara a gustar el sabor. Es raro verlo con una copa en la mano.

En Cuba el sueño de Paquito era ser vendedor de Crusellas. Los vendedores de Crusellas ganaban buen sueldo, tenían vacaciones garantizadas, una pensión y seguro médico. A mí me sorprende la modestia de sus ambiciones. Pero Fidel también se las echó a perder, y ahora no sabe si volvería a Cuba. Dentro de un par de años empezará a recibir el *Social Security*, la pensión del gobierno, y entonces se podrá jubilar. Su hija está casada con un americano que se niega a aprender español.

—Es un buen muchacho —me dice—. La trata muy bien, super-bien, mucho mejor de lo que tu padre y yo tratamos a nuestras señoras. ¿No es así Gustavo? No le juega cabeza, llega temprano a la casa. Vive para Evelyn y las dos niñas. Tú sabes lo mansito que son estos americanos. Todo lo que hacen es trabajar y ver televisión.

—A mí que me quiten lo bailado —intercala mi padre.

—Entonces un día se quedan tiesos de un ataque al corazón. ¿Y qué? ¿De qué les sirvió matarse trabajando? Los Estados Unidos es un gran país, el país más poderoso del mundo, pero los americanos no saben disfrutar de la vida. ¿Tú te imaginas a nosotros de jóvenes hoy en día en este país, Gustavo? Coño, quién nos aguanta. Acabaríamos. Tu padre y yo te podríamos contar cada cosa...

La última frase pone nervioso a mi papá, que se saca un peso de la billetera, lo dobla en dos, y se lo pone en la copa a la pianista. Le pide que toque "Miénteme," un bolero donde la mujer le pide a su amante que la engañe. Cada vez que mi padre se da un par de tragos, se pone a tararear "Miénteme" —lo hace pésimamente pero con "filin."

—Tú sabes, Junior—me dice—, esa era nuestra canción, la de tu madre y yo. Se la oí cantar una porción de veces a Olguita Guillot. La primera vez estábamos con tus padrinos Hilda y Feluco. Yo creo que esa fue la noche que mataron a Blanco Rico.

Este cuento lo he escuchado muchas veces, ya que es una de las anécdotas favoritas de mi madre. Cuando empezó el tiroteo, todo el mundo se escondió debajo de las mesas de juego, menos la esposa de Blanco Rico, quien se puso a increpar a los hombres que habían llevado a cabo el atentado. Lo que yo nunca he entendido es cómo una canción tan cínica como "Miénteme" puede ser el tema de una pareja de casados.

—Tu padre es demasiado sentimental —dice Paquito—. Estos boleros siempre es la misma matraca. Ya yo no estoy para sentimentalismo. Déjame hacerte el cuento de Pinocho y la prostituta, ¿ok? Pinocho se mete en la cama con una prostituta y quiere hacerlo en seguida, pero ella le dice que antes quiere sentársele en la cara. Pinocho dice que está bien. Ella se le sienta encima y entonces le dice, "Ahora, Pinocho, ¡miénteme! ¡miénteme!" Eso sí es un bolero para recordar.

Paquito está inspirado.

—Mira, Gustavito. La gente viene por aquí. Se dan sus palitos, conversan, recuerdan los buenos tiempos y no hay tormento. ¿Para qué van a quedarse en casa? ¿Para pelear con la vieja? Aquí se toman su Cointreau o su Amaretto, hacen cuentos, pasamos todos el rato y no hay tormento.

—Fíjate en mí —me dice. Paquito es bajito y barrigón, y el poco pelo que tiene se lo engomina y tiñe de negro para taparse la calvicie. Viste un chaleco negro sobre una camisa blanca de mangas cortas. Tiene aspecto de camarero, servicial pero poco confiable.

—Hace cincuenta años yo me sentaba en la bodega de mi padre y me ponía a mirar el almacén. Y ahora aquí estoy, en otro país, tantísimos años después, dándome unos traguitos con Gustavo Pérez y su hijo. Y no hay tormento.

—Paquito, ¿te acuerdas de la artista que le decíamos Miss Cataclismo por la manera en que se meneaba?

A mi padre nunca le han interesado las conversaciones filosóficas. Siempre dice que el único filósofo que vale es el que coge filo. En cubano, "coger filo" es tratar de verle el cuerpo a las mujeres a través de las rendijas en la ropa.

—Claro que sí—dice Paquito—. Esa mejicana era candela.

—Qué mejicana ni mejicana. Era una cubana de Sagua.

—Si tú lo dices, Gustavo.

Gustavo lo dice, y no hay tormento. Sentado en el bar, con unos cuantos tragos calentándole la barriga y el alma, Gustavo está de buen humor. Ha salido conmigo, y eso lo pone contento. No recuerdo la última vez que mi padre y yo nos dimos unos tragos juntos en un bar.

Paquito me cuenta que de joven mi padre era como yo, y me siento halagado por él y por mí. Todas esas horas levantando pesas no han sido en vano. Aunque mi padre ya no es robusto, me consuela que una vez lo fue. Última-mente cuando vengo de visita ni siquiera intenta ayudarme a llevar el equipaje al cuarto. A veces se me olvida que no siempre fue así. En las fotografías de Cuba luce distinto.

Cuando Paquito se entera de que vivo en Carolina del Norte, quiere saber si allí hay muchos negros. Pero en vez de decir la palabra, se frota el dorso de la mano con el índice. Le contesto que hay negros en todas partes.

—Los negros cubanos son distintos de los negros ameri-canos—dice—. Tienen más educación, buenos modales. ¿No es así, Gustavo?

—En Cuba no había racismo—dice mi padre—. El día que intervinieron el almacén, Mongo, un negro que era cargador, se me acercó con los ojos aguados para decirme cuánto lo sentía. Y eso a pesar de que era tremendo fidelista y jefe del gremio. Eso del racismo es propaganda comunista. Paco, sírveme otro. ¿Y tú, Junior?

Yo también quiero otro.

—Cada vez que ponen algún reportaje de La Habana por la televisión todo lo que se ven son negros y mulatos —dice Paquito.

—A veces parece que no queda gente blanca en Cuba —dice mi padre.

Como yo estoy aquí para escuchar, no digo nada. Bien sé que en Cuba había —y hay— racismo, pero no sacaría nada poniéndome a discutir con Paquito y mi padre. Sí recuerdo a Mongo, un negrazo inmenso a quien le faltaban dientes. A veces cuando yo iba al almacén, me cargaba en sus hombros como un saco de papas.

Mientras Paquito y Papi conversan, me hago la ilusión de que en Cuba hubiera sido así, de que mi padre y yo, después de cerrar el almacén por la tarde, nos iríamos a algún bar de La Habana Vieja para darnos unos tragos. En Cuba hubiéramos conocido a la misma gente, patrocinado los mismos bares y restaurantes, hablado el mismo idioma. En Cuba yo no hubiera usado mi profesión como un arma. Y a él no le hubiera parecido que me hice profesor para darle un golpe bajo. No sé si a mis hermanos les hubiera sucedido lo mismo, pero para mí todos los caminos conducían a la esquina de Paula y San Ignacio. Esta noche en "La Habana Vieja" mi padre y yo estamos reinventando los últimos treinta años. Esta noche Gustavo y su hijo, Gustavo y su padre, están borrando lo que pasó y no debió pasar. Lo único que me importa en este momento es este bar y los tragos con Paquito el cantinero, que conoce a mi padre de Cuba. Mi padre me lee el pensamiento, porque de pronto exclama:

—Me cago en Fidel, me cago en la Revolución, me cago en la suerte, me cago hasta en la mismísima mierda.

—Oye, Gustavo, me vas a embarrar todo el bar —le dice
Paquito.

Aunque hoy es Viernes Social, el lugar está medio vacío.
Hay dos mujeres solas sentadas en una mesa, y en la esquina
del bar un tipo que se llama Chucho, que dice estar esperando
a su "jebita." Con un saco de sport, mocasines caros y un anillo
de brillantes en el meñique, Chucho tiene pinta de conquistador. Se tiñe el pelo y tiene esmalte en las uñas de las manos.
Pero la verdad es que ya está un poco viejo para usar la palabra "jebita." Chucho vivió siete años en Pennsylvania, veinte
en California y hace poco se jubiló y se mudó para Miami.
Tiene dos hijos crecidos que todavía viven en el norte.

—Mis hijos tienen su vida ya organizada —dice, insinuan-
do que se han desentendido de él.

Si Chucho está casado, no lo parece. No lleva un anillo de
matrimonio, aunque eso no es raro entre hombres cubanos.
Conjeturo que dejó a su esposa y ahora se arrepiente. Cuando
Paquito le pregunta si se acuerda de J. Pérez S.A., Chucho
dice que el nombre le suena. Es obvio que miente.

—Se ve que tu padre está muy orgulloso de ti —me dice.
Nadie puede negar que eres su hijo. Qué lindo ver a un padre
y a un hijo juntos. ¿Verdad, Paquito?

Chucho no acaba de caerme bien, es un tipo empalagoso,
pero también me da pena que tenga que pasarse las noches
solo en un bar esperando a una "jebita." Debía estar en su
casa con su mujer y sus nietos.

Chucho tampoco le hace mucha gracia a mi padre, pero
debe ser porque le tiene envidia. Hace tiempo que mi padre no
se sienta en un bar a esperar a una "jebita." Años atrás,
Gustavo seguramente se parecía bastante a Chucho.

—Dime, Chucho, ¿cuánto te costó ese reloj?

Aunque a mí me parece que es un Rólex, a mi padre le
cuesta trabajo admitir que nadie se haya hecho rico en el exilio
—al menos honestamente. Según él, hay sólo dos maneras de
acumular riqueza en Miami: traficar en drogas o ganarse la
lotería. Cree que el reloj es una imitación barata como la de él

—un Rólex de Hialeah— y quiere burlarse de Chucho. Paquito cambia el tema antes de que Chucho pueda contestar.

—Ustedes vieron que ahora han inventado una bombita para curar la impotencia? Te la ponen allá dentro y cuando llega el momento te la inflas del tamaño que tú quieras. La verdad que estos americanos tienen cada cosa...

Pero mi padre no se da por vencido. Los tragos le dan valor para seguirse metiendo con Chucho.

—Oye, Chucho —dice— ¿tienes la bombita lista para esta noche?

Chucho da un par de golpecitos en el bar y menea la cabeza. Parece que la bombita no le hace falta. Entonces me mira y le dice a mi padre:

—Y a tú hijo tampoco le hace falta.

—Pero a mí sí —dice Papi riéndose.

Hace ya años que mi padre bromea sobre su real o fingida dolencia. Cada vez que se le queda la portañuela abierta, repite la misma frase —"pájaro muerto, jaula abierta." Una vez, cuando le dije que eso era una cuestión mental, me contestó que su problema era que, después de tantos años en este país, su cuerpo y su mente ya no sabían comunicarse. Para mi padre el buen humor es valor. Al carecer de talento para el estoicismo, su manera de afrontar la adversidad no es la contención sino el relajo. Cuando le diagnosticaron glaucoma, le dijo a mi mamá que iba a tener que mirar el mundo por el ojo del culo.

La "jebita" de Chucho por fin se aparece. Es una mujer de más de cuarenta años que al tratar de esconder su edad sólo logra hacerla más patente. El cuerpo lo tiene un poco echado a perder, pero conserva la cara bonita. A decir verdad, es una mujer muy atractiva. Puesto que Chucho seguramente ya cumplió sesenta años, tiene razón de jactarse de su conquista. Después de las presentaciones, se sientan los dos en un extremo del bar. Chucho se interpone entre Gladys y nosotros para que no podamos mirarla. No es tonto.

Después de susurrar con Gladys por unos minutos, Chucho se despide de nosotros en voz alta.

—Vamos a mover el esqueleto—dice, y paga con un billete de cien pesos.

—Oye, Paquito—dice mi padre—, dile que aquí no hay cambio para eso.

Paquito pretende no haberlo oído. No quiere perjudicar la propina. Cuando Gladys pasa por nuestro lado, mi papá y yo nos viramos al mismo tiempo para verla salir.

Un ratico después, nosotros también nos vamos, porque se está haciendo tarde y no queremos preocupar a mi madre, que seguramente no se irá a dormir hasta que nosotros estemos de vuelta. Papi me deja pagar por los tragos, lo cual me deprime un poco porque quiere decir que no tiene dinero. Yo le dejo a Paquito una propina exorbitante. Me da la mano y me dice que espera verme otra vez. Claro.

Afuera Gustavo le da un peso al parqueador.

—Ahora a ver televisión —dice el hombre, al abrirnos la puerta del carro.

—Primero hay que mover la Dama —contesta mi padre.

Mi padre me deja manejar, lo cual me deprime un poco más. Hace años él hubiera insistido en manejar, a pesar de haber bebido demasiado. Dar vueltas en carro siempre ha sido uno de sus pasatiempos favoritos. Pero la vejez lo ha vuelto cauteloso. Tiene miedo de que lo paren y le quiten la licencia.

En el carro Gustavo me dice que la ha pasado muy bien conmigo. Para él esta breve frase es casi todo un discurso. Yo le contesto que también la he pasado bien, pero quisiera decirle mucho más. Quisiera decirle que me arrepiento de todo, que quiero rehacer los últimos treinta años, que a pesar de mis reticencias lo quiero mucho. Quiero decirle que el exilio no me ha cambiado, que Duke me importa un carajo, que lo que quiero es seguir sus pasos. Pero no digo nada.

Cuando entramos en la casa, que está toda oscura, me dice que los años de exilio han transcurrido con demasiada rapidez.

—La vida es un soplo —le digo.
—La vida es una mierda —me contesta.

❦❧❦ ❦❧❦ ❦❧❦

Estoy obsesionado con un desconocido —mi padre. De niño, no lo necesitaba. De adolescente, lo busqué y no estaba. De joven, traté de evitarlo. Pero ahora, a mis cuarenta años, se me hace indispensable. Como el Dios de los teólogos, Gustavo es ubicuo. Puedo estar pensando en las musarañas, y ahí está mi padre, no sé si musa o araña. Puedo estar en la piscina mirando a las mamás en trusa, y ahí está mi padre "pillando" conmigo. Cuando manejo, sus manos guían las mías. Cuando bailo, habita mis pies y mis caderas. Enciendo un tabaco, y el humo dibuja la cara de mi padre.

Ese hombre con quien yo creía no tener nada en común no me abandona. Igual que no puedo mirar a mi hijo sin verme, no puedo mirarme sin verlo. Durante años quise borrar a mi padre de mis facciones. Ya no. Cuba, el almacén, mi niñez: todos me pertenecen. Son regalos que mi padre me entregó hace muchos años, pero que yo no sabía que estaban en mi poder. Ahora me paso horas hurgando en mi memoria hasta encontrar frases y palabras de mi padre. Cuando doy con alguna —no hay tantas— me llena de alegría, y las comparto con mi esposa y mis hijos.

—Como dice Abuelo —les digo—, "P'alante y p'alante y al que no le guste que se tome un purgante."

Ellos no entienden el significado del refrán.

—*If you don't like what I am doing, go take some Ex-lax.* Siguen sin entender.

—Es una manera de decir que uno no debe dejarse cohibir por lo que piense la gente.

El refrán no les parece gran cosa, pero no importa. Mi padre y yo tenemos nuestros secretos. Nuestros gustos. Nuestros misterios. No son revelaciones de vida o muerte. Son nimiedades, minucias: la gracia de un chiste, la connotación

de una palabra, el humor de una rima. *Literato-aparato*: no sé
a quién más esto le pudiera parecer chistoso. Ahora que he llegado a lo que los americanos llaman *middle age*, la medianía
de edad, necesito hacer de mi padre más de lo que es y de lo
que ha sido.

Al hablar así, me entra temor de que mi padre lo vaya a
leer, pero sé que si mi madre no se lo lee, él no lo leerá por su
cuenta, y no creo que ella lo haga. No todo hijo varón siente
esta necesidad de engrandecer a su padre. Tengo amigos que
se han pasado la vida haciendo lo contrario, disminuyendo a
sus padres, restándoles méritos. Yo también he hecho lo
mismo. Pero ahora mi proyecto es aumentar a mi padre, hacerlo crecer, exagerarlo si es preciso. Me esfuerzo por darle a mi
padre estatura y espesor. Por muchos años me pareció exiguo,
insuficiente: un pequeño padre para una pequeña Habana.
Ahora quiero que crezca, quiero darle el tamaño de mi vida.

Es posible, ya sé, que sólo esté restaurándolo a su tamaño
natural, a la estatura que me negué a concederle. Sucede, sin
embargo, que mi padre se ha convertido en una presencia
robusta en mi vida precisamente cuando ha empezado a
perder vigor y vitalidad. Cumplidos ya sus setenta años,
empieza a decaer, a "cancanear," como él dice. A la par que
declina su salud, sus ánimos enflaquecen. A veces lo llamo por
teléfono y me doy cuenta por el tono de voz que ha estado llorando. Si le pregunto a mi madre qué le pasa, me dice que se
enoja por cualquier cosa y se deprime sin razón. Como las
causas de su depresión no son físicas, las píldoras que el médico le ha recetado no lo ayudan. Un día cuando ella le preguntó
por qué estaba de tan mal humor, le contestó: "¿Cómo no voy a
estar de mal humor?" No quiso o pudo decir más. Sólo eso:
"¿Cómo no voy a estar de mal humor?" Es su manera de
resumir tres décadas de exilio.

Me sorprende notar lo poco que conozco a mi padre. Casi
todo lo que sé de él me lo contó mi abuela Constantina, que
murió hace quince años. Ahora me pesa no haberle preguntado más cosas porque cuando ella murió, mi caudal de informa-

ción sobre mi padre se secó. La paradoja es que mi padre es un hombre sociable que detesta la conversación. Le encanta el chiste, la fiesta, la bebida, la música, pero rehuye la conversación como si fuera un tóxico. Cuando la familia ha terminado de comer y empieza la sobremesa, Gustavo se dirige como un tiro a su sillón y abre un periódico o pone la televisión. Por mucho que mi madre insista, se niega a participar en las pláticas familiares. Nunca cuenta anécdotas personales, y no le interesa escuchar las anécdotas de los demás. Para él, todo esto cae en la categoría de palabrería inútil —"hablar mierda." Si le preguntas algo sobre su niñez o juventud, dice que no se acuerda, que fue hace mucho tiempo. Si persistes, le refiere la pregunta a mi madre, que tiene el raro talento de acordarse hasta de cosas que no presenció. Ella es la memoria de los dos. Aunque yo sé que mi padre piensa en Cuba, se niega a entrar en detalles sobre su vida allá. Vive del recuerdo sin acordarse de nada. No le pregunten por qué lo echaron de Belén o quiénes eran sus amigos cuando era joven o qué le pasó a su hermano Pepín, porque dice que se le ha olvidado.

En persona un hombre parco, por teléfono el mutismo de mi padre raya en mudez. Como no lo veo tanto como quisiera, durante los últimos años he tratado, intermitentemente y con cierto pavor, de conversar con él por teléfono. Aunque cuando llamo él generalmente contesta, no está ansioso de conversación. Lo saludo y le pregunto cómo está. Dependiendo del día, me responde que está bien o regular. A veces me dice, "*Hanging on*, como dicen los americanos." Entonces me hace una retahíla de preguntas breves: ¿Cómo estoy? ¿Cómo está mi mujer? ¿Cómo están los niños? Ya que a mí tampoco me gusta hablar demasiado, le contesto con monosílabos: yo estoy bien, Mary Anne está bien, y los niños están muy bien. Entonces, sin darme la oportunidad de decirle una palabra más, pone a mi mamá al teléfono, y ella me cuenta sobre el embarazo de mi hermana o los achaques de mi tía. Aunque Gustavo viva otros veinte años, nunca sabré más sobre su vida de lo que ya sé. La Revolución cubana le quitó muchas cosas a mucha gente. A veces me parece que a mí me quitó a mi padre.

Cuando llegamos de Cuba, yo estaba demasiado distraído con los cambios de la adolescencia para fijarme en el impacto que el exilio tuvo sobre él. Mi madre siempre nos hablaba de cuánto ellos habían dejado en Cuba, de cuánto había cambiado la vida de mi padre en Miami. Yo la escuchaba sin prestarle mucha atención. No me interesaba saber lo que él había perdido, y me negaba a sentir lástima o compasión. De hecho, en vez de lástima sentía rencor. Pensaba que el éxodo masivo de cubanos había sido un acto de cobardía, o al menos de irresponsabilidad, y a veces se lo decía a mi padre. El no me contestaba nada, pero ya me imagino cuánto mis palabras le tienen que haber dolido. Mis palabras eran una manera de decirle: "Me engañaste. Me sacaste de mi país prometiéndome una vida mejor, y no me la has dado." Y sin embargo, una y otra vez le oí decir a mi madre que ellos se fueron de Cuba por sus hijos, y principalmente por mí, porque temían que cuando yo llegara a la edad militar el régimen de Castro me obligaría a ingresar en el ejército.

La verdad es que a estas alturas todavía no sé bien por qué nos fuimos de Cuba. No creo que mis padres tampoco lo sepan. Nos fuimos porque Fidel era comunista. Nos fuimos porque ellos no querían que sus hijos fueran adoctrinados. Nos fuimos porque intervinieron el almacén. Nos fuimos porque congelaron las cuentas bancarias. Nos fuimos porque podíamos hacerlo, porque mis padres hablaban inglés y habían vivido en Estados Unidos. Nos fuimos porque todo el mundo se iba —¿quién sabe por qué nos fuimos?

Mi padre tenía cuarenta años en octubre de 1960. Cuando yo cumplí cuarenta años, comencé a entender lo difícil que tuvo que ser el exilio para él. Sólo cuando yo inicié cambios y rupturas en mi propia vida, experimenté algo parecido al desconcierto y la angustia que lo debe haber sobrecogido al llegar a Miami. Antes de eso, le guardaba un rencor silencioso pero intenso. Me duele decirlo, pero Gustavo nunca fue el padre que yo hubiera querido, el que mis hermanos y yo necesitábamos. Nunca nos aconsejó. Nunca nos orientó. Nunca compartió su vida. Recuerdo una sola vez, en la víspera de mi primer matrimonio, cuando trató de darme consejos. "Gustavito," me dijo, "recuerda que a las mujeres hay que mantenerlas en su lugar porque si no te pisotean." Esa era la suma de su sabiduría.

Pero si mi padre no daba consejos, tal vez la razón era porque no tenía consejos que dar. ¿Cómo nos iba a dirigir a nosotros si él mismo estaba extraviado? Yo sé cuán difícil es vivir entre extraños. Pero no tengo idea de cuál es el efecto de dedicarle la vida a una empresa como el almacén y un buen día perderla. La pérdida mayor no es material. No es cuestión de valor económico sino de valía personal. Mi padre puso su alma en el almacén. Al perderlo, perdió parte de sí. Yo me dedico a escribir libros y dar clases de literatura. Me da vergüenza admitirlo, pero por años no quise entender que tanto valen almacenes como bibliotecas. Igual que yo, mi padre se definía por su trabajo. Quítenle el almacén, y el daño que se le hace es incalculable.

Ese daño no se manifestó desde el principio. Sospecho que, para él como para muchos otros cubanos, los primeros años de exilio no fueron los más duros. La historia de Cuba, con sus constantes conmociones políticas, daba pie a las esperanzas de regreso. Para los cubanos, el exilio es casi un patrimonio nacional. José Martí vivió en Nueva York casi tantos años como en Cuba. El primer presidente de la república, Don Tomás Estrada Palma, vivió más de veinte años en Estados Unidos (¡donde se ganaba la vida como maestro de español!). Antes de Fidel Castro, ningún gobernante cubano había durado en el poder más de unos cuantos años. Ni siquiera temibles dictadores como Gerardo Machado o Fulgencio Batista. Los cubanos nos consideramos un pueblo inquieto y contumaz. ¿Por qué íbamos a aguantar a Fidel más de lo que aguantamos a sus precursores? Y además estaban los americanos, que durante la época republicana habían intervenido con frecuencia en Cuba. Durante los años sesenta, la siguiente consigna estaba grabada en el corazón de la gran mayoría de los cubanos de Miami: El gobierno de Estados Unidos no va a permitir un gobierno comunista a noventa millas de sus costas.

No fue así, lamentablemente, pero a mi padre y muchos otros exilados les ha costado mucho trabajo aceptarlo. Él nunca ha aceptado, al menos abiertamente, que los *Marines* no van a desembarcar en el Malecón para "tumbar" a Fidel, y que ha perdido su almacén para siempre. Cuando habla del almacén, es como si todavía existiera y fuera suyo. El almacén es un mítico monolito que se yergue ante nuestros ojos para comprobar la prestancia de nuestra familia en Cuba —el único lugar del mundo donde los logros cuentan. Cada cierto tiempo mi padre saca estados de cuentas del almacén que tienen más de treinta años para mostrarnos que el negocio valía más de un millón de pesos —y hace treinta años, añade, cuando un millón sí era un millón. A veces lleva los documentos al trabajo y se los muestra a sus jefes americanos. Es su manera de decirles que no se fijen en sus corbatas baratas, en sus sacos de poliéster, o en su modesta casa. Para saber quién es él, fíjense en el saldo bancario de 1960.

Su actitud hacia Cuba corre pareja con su actitud hacia el almacén. Aunque debe de saber que ha perdido a Cuba para siempre, no se lo dice a nadie, quizás ni siquiera a sí mismo. Actúa como si tres décadas de exilio no lo hubieran cambiado. En otra persona, un exilio de tan larga duración hubiera dado muerte al desterrado y dado a luz al inmigrante. Pero no así en el caso de mi padre. Dentro de cada exiliado hay un inmigrante que busca salida, pero mi padre logró embotellar al inmigrante que lleva dentro de sí. Nunca quiso empezar de nuevo. Nunca quiso dejar de ser almacenista. Nunca quiso olvidar a Cuba. No le molesta que los americanos del lote le digan "Gus." Él sabe que no es Gus sino Gustavo. A mí, en cambio, me dicen Gus y pierdo los estribos, ya que el apodo no capta quién soy. Gustavo sabe quién es —él es quien fue— y eso no lo cambia nadie. Yo creo que al despertar cada mañana mi padre piensa: un día más de exilio, y un día menos de exilio. Los períodos de posesión y pérdida crecen a la par. A medida que el almacén se aleja en la memoria, se acerca en el deseo. El reloj de arena se vacía por un lado y se llena por el otro.

A decir verdad, no sé qué piensa mi padre sobre la posibilidad del regreso. Sé lo que dice. Sé cuáles son las expectativas que subyacen a sus sentencias y sentimientos. Cada vez que le pregunto por qué no me visita en Carolina del Norte, contesta terminantemente que el único lugar adonde piensa ir es Cuba. Pero yo no sé qué es lo que se dice cuando está a solas. Después de tantos años de espera, el desespero lo tiene que haber vencido. Tiene que haber perdido el almacén saco por saco, caja por caja. Pero no creo que "pérdida" sea el término preciso para describir ese agotamiento gradual, esa pérdida a plazos, pues la palabra sugiere una ruptura abrupta y definitiva. Mi padre todavía no ha acabado de perder el almacén, pero todos los días lo pierde un poco más. Recuerdo el edificio donde jugué de niño, y me imagino que se desmantela poco a poco. En mi imaginación veo que los ladrillos de las paredes desaparecen uno por uno, veo que las puertas se desprenden de sus marcos, veo que los camiones anaranjados salen del almacén en caravana y no vuelven. El edificio se va desarmando hasta no quedar más que un lote vacío. Estoy seguro de que si yo volviera a La Habana, como lo ha hecho mi hermano Pepe, quedaría sorprendido de ver que todavía hay un almacén en la esquina de Paula y San Ignacio.

El apego de mi padre al almacén le impartió un carácter improvisado, casi ilusorio, a nuestro exilio. Residíamos en Miami, pero no vivíamos allí. Miami no era una vida, era una interrupción. Mientras esperábamos a que el desajuste vital se arreglara, había que criar hijos, cuidar ancianos, mantener a la familia. Pero todo eso era una manera de engañar al tiempo. Nos comportábamos como si fuera posible, una vez derrocado Fidel Castro, dar marcha atrás. El regreso sería a la vez retroceso. Entonces sería octubre de 1960 otra vez. Mis hermanos y yo volveríamos a ser niños, mi padre volvería al almacén, recuperaríamos la misma casa y los mismos criados, y nuestras vidas retomarían su curso. Esta actitud de espera nos ayudó a sobrellevar las estrecheces de los primeros años de exilio, pero a la larga nos hizo mucho daño. El problema no era sólo que mi padre estaba demasiado distraído o deprimido para vigilar el crecimiento de sus hijos, sino que cuando sucedía algún contratiempo, las soluciones consistían en medidas improvisadas. Si yo me encerraba en mi cuarto y me negaba a salir por días, no me hacían caso. Si mi hermano Carlos robaba de una tienda, reponían el dinero para protegerlo. La meta era "resolver," "poner parches," hasta que pasaran los duros años de exilio. Carecíamos de proyectos, de ambiciones, de dirección. No teníamos por qué ahorrar: después de todo, éramos ricos —en Cuba. No teníamos por qué escoger una profesión y no otra: después de todo, nuestro destino era el almacén —en Cuba. No teníamos por qué mudarnos a una casa más amplia: después de todo, no podía compararse con la que ya teníamos —en Cuba. Acostumbrado a lo mejor, lo bueno no era suficiente. Mi padre, que lleva más de treinta años trabajando en una agencia de automóviles, no tiene su propio carro. ¿Para qué? ¿Por qué tener un Nissan en Miami cuando puede manejar un Cadillac —en Cuba?

Mi meta es comprender, no reprehender. Si mi padre tenía que trabajar diez o doce horas siete días a la semana, sólo para darnos de comer, ¿cómo le iban a quedar fuerzas para preocuparse por trastornos emocionales o sutiles resentimientos? En Cuba mis hermanos y yo éramos muy jóvenes para que mi padre se ocupara mucho de nosotros. Cuando crecimos, estábamos en el exilio y él ya no era el mismo. En realidad, él también necesitaba a un padre. Pero su padre, como el nuestro, también se había quedado en Cuba.

Refugiándose en la promesa del regreso, nunca formuló expectativas nuevas para su familia. Cualquier cosa que hiciéramos aquí, buena o mala, carecía de importancia. Mi madre siempre nos machacaba que éramos distintos de los inmigrantes: "Recuérdenlo bien," nos decía, "nosotros no somos inmigrantes, somos exiliados políticos." A diferencia de los inmigrantes, no vinimos a este país para empezar otra vez, vinimos a esperar. De habernos considerado inmigrantes, tal vez nos hubiera ido mejor. El exiliado y el inmigrante adoptan ritmos de vida diversos. El inmigrante vive de prisa. Asume la vida como carrera, o como corre-corre. Se apresura a conseguir un trabajo, a aprender otro idioma, a echar raíces. Puede que no olvide su patria, pero no deja que el pasado le nuble el porvenir. Si llega aquí de adulto, intenta comprimir dos vidas en una; si llega de niño, crece en seguida. No así el exiliado, cuya vida se proyecta en cámara lenta. Si el inmigrante se apura, el exiliado se atrasa. Espera antes de empezar otra carrera, antes de aprender otro idioma, antes de tomar la ciudadanía. Si la inmigración es un parto de emergencia, el exilio es una muerte a plazos. Para el exiliado, vivir es diferir, morar es demorar. Puede que oiga el minutero de Radio Reloj, pero su despertador mental nunca suena. Si su vida fuera un cuadro, tendría que ser un *still-life*; si fuera una sinfonía, habría que tocarla *lentissimo*.

A nosotros el exilio nos paralizó, ofreciéndonos un pretexto para no mirar hacia el futuro. Ser exiliado era cómodo. Me daba una razón de ser, explicaba el malestar que sentía siempre. Yo no era ni cubano ni americano. No era ni almacenista ni profesor. No tenía que ser nada porque era un exiliado. Cuando me mudé de Miami en 1973, me convencí de que me exiliaba por segunda vez, ya que ahora iba a vivir lejos de la Pequeña Habana. Ni siquiera los hijos sirvieron para anclarme. Cuando nació mi primer hijo en Chapel Hill, me sentí más aislado que nunca. Parecía absurdo, y hasta cruel, criar niños en Carolina del Norte. Todas esa gente con ojos azules y acento sureño —¿qué tenía que ver conmigo? Todas esas casas de madera con chimeneas —¿qué tenían que ver conmigo? Todos esos raros rojos otoñales —¿qué tenían que ver conmigo? Quería regresar a Miami —mi paraíso cálido y verde.

Ahora me doy cuenta de que esta manera de pensar se remonta a los primeros años de exilio. Conozco a otros cubanos que llegado cierto momento empezaron a comportarse como inmigrantes. La esperanza del regreso no les impidió construir una vida en Estados Unidos. Tengo tíos y tías que llegaron sin nada a Estados Unidos y planearon una vida. Ninguno se hizo rico, pero casi todos han vivido cómodamente. No sé por qué mi padre no pudo hacer lo mismo. Su carácter —trabajador pero improvidente— fue una razón. La responsabilidad de tener que mantener a una familia fue otra; los años de presión en el almacén otra más. Y, sin duda alguna, mis hermanos y yo también contribuimos a su estancamiento. Nada nos hubiera impedido seguir sus pasos, retomar el hilo cortado por el destierro, animarlo a echar a andar nuevamente. Si hubiéramos querido, podíamos haber ayudado a mi padre a encontrarse nuevamente en nosotros. De cierto modo, nosotros, sus hijos, pudiéramos haber sido el padre que él necesitaba. Pero el exilio fomenta rupturas, y no sólo de índole geográfica o lingüística. De modo que mi padre comerciante tiene un hijo que es profesor de literatura, otro que ha dedicado gran parte de su vida a promover causas de extrema izquierda, y un tercer hijo que todavía no sabe bien quién es.

Casi toda mi vida le he guardado rencor a mi padre por no acompañarme. Ahora veo que yo tampoco lo acompañé a él. Nos podríamos haber salvado mutuamente, pero no lo hicimos. Tal vez creímos que el otro no necesitaba salvación. Tal vez temíamos el rechazo del otro. Quizás ésta es la razón por la cual, aun ahora, mi padre no me habla de su vida. Por años él pensó que cuando se cayera Fidel, podríamos empezar otra vez. Quizás yo pensaba lo mismo. Pero más tarde me convencí de que no había nada que hacer porque ya no teníamos nada en común. Ni siquiera hablábamos el mismo idioma. Sin embargo, últimamente mi enojo hacia mi padre por haberme fallado es superado sólo por mi enojo hacia mí mismo por haberle fallado a él.

Se ha hablado mucho del éxito que muchos exiliados cubanos han tenido en Estados Unidos. Pero por cada exiliado que ha triunfado, hay alguien como mi padre, que sobrevivió el destierro pero que no pudo superarlo. Después de treinta años de exilio, a mi padre no le queda más remedio que seguir soñando con Cuba.

Cinco
Teoría del dominó, club de canasta

En varios lugares y en diversas épocas

El tablero del dominó tiene los bordes levantados y las fichas son mitad rojas y mitad blancas, con una pequeña clavija de bronce en el medio para asegurar las dos mitades. Sólo un jugador experimentado no se molesta al sacar el doble nueve, que parece una caja de muertos. En cada una de las esquinas del tablero hay ceniceros con cabos de tabaco. Pepe bebe whisky, Octavio y Manolo toman ron con limón, y Abuelo Firmat agua seltzer. A unos pasos de la mesa, Mike —flaco y contemplativo— estudia el desarrollo de la partida. La luz del atardecer se filtra por las rendijas de las persianas venecianas. El único sonido es el ruido de las fichas contra el tablero.

En la habitación de al lado, Constantina y tres de sus amigas se pasan la tarde jugando canasta. Aquí no hay silencio, sino cháchara de voces que hablan español con acento castizo. El juego se desenvuelve sobre un tapete de flores con tiras elásticas en las esquinas y bolsillos para las cartas, que también tienen dibujos de flores verdes y azules. En el medio de la mesa hay una bandejita plástica con dos montones de cartas. La carta colocada al través —es un dos pero se le llama "mono"— significa que el paquete está congelado. Sobre el tapete hay vasos de un vidrio verdoso con refrescos a medio tomar y una libretica para apuntar los tantos. Constantina es tan gruesa que casi se desborda de la silla.

La gente sentada en torno a estas mesas representa el segmento de mi familia menos sacudido por el exilio. Algunos nunca abandonaron Cuba, pero aun aquéllos que vivieron en Estados Unidos, como Constantina y mi tío Mike, sobrellevaron el exilio con más facilidad que mi padre. Ya todos han muerto, y algunos murieron en Cuba, lo cual quiere decir que los conocí sólo de niño. A pesar de ello, me aferro a mis recuerdos de ellos. Cuando me siento solo, ellos me acompañan. Cuando necesito consejo o consuelo, a ellos acudo. Por haberme criado entre dos lenguas y culturas, atesoro la memoria de aquellos familiares míos a quienes no les pasó lo mismo. Al mirarlos, me veo. Al reflexionar sobre sus vidas, comprendo mejor por qué me resulta imposible aclimatarme del todo a vivir en Estados Unidos.

⁂ ⁂ ⁂

Aunque para los norteamericanos el dominó nunca ha sido más que un juego infantil, en Cuba es un pasatiempo nacional. Los cubanos llevan doscientos años entregados a revolver y disponer fichas rectangulares de marfil o plástico. Los bomberos cubanos, en particular, tienen fama de ser incansables jugadores de dominó —tanto así que una apertura no muy recomendable lleva su nombre— "la salida de bomberos." Ya para principios del siglo veinte, en Cuba se había desarrollado una variante criolla de este antiquísimo juego, en la que se usan cincuenta y cinco fichas en lugar de veintiocho. Ni siquiera el exilio ha logrado quebrantar la pasión cubana por el dominó. Uno de los sitios más conocidos de La Pequeña Habana es el parque del dominó, situado en una esquina de la Calle Ocho, que se fundó hace muchos años como un lugar de reunión para viejos exiliados que no tenían otra cosa que hacer, y que ahora se ha transformado en una atracción turística con nombre patriótico ("Máximo Gómez Domino Park"), placa conmemorativa y alambrado de púas. Al parecer, también se ha convertido en un club exclusivo. Hace un par de años, cuando quería mostrarle a Mary Anne el famoso parque, uno de los ancianos con guayabera nos indicó que el parque era sólo para socios con carnet y tuvimos que irnos.

El dominó es fácil de aprender pero difícil de dominar. Exige mucha memoria y más malicia. Reducido a su mínima expresión, el juego es un proyecto de conquista; empleando las fichas como instrumentos de imperio, el jugador de dominó es un Pizarro del tablero. Al colocar sus fichas sucesivamente, se afana por tomar posesión del tablero, transformándolo en su dominio personal. Por eso alguien que está a punto de colocar su última ficha acompaña la jugada con la afirmación, "¡Dominé!," así consumando su conquista. Aunque se ha conjeturado que el nombre alude a los frailes dominicos, quienes ayudaron a popularizar el juego en Europa, es igualmente verosímil suponer que el nombre expresa la meta de dominar sobre los demás. Y quizás ésa sea la razón por la cual el dominó es primordialmente un juego para hombres.

Lo curioso, sin embargo, es que la conquista del tablero exige la cooperación de los compañeros de mesa, cómplices y contrincantes a la vez. Aunque cada jugador intenta disponer de su mano sin interferencia de los demás, necesita las fichas de sus contrincantes para "pegar" las suyas. Lo cual quiere decir que los jugadores de dominó "se pegan" en ambos sentidos de la expresión —riñen y colaboran, se encaran y se conectan. No es casualidad que a las fichas que quedan sin usar se les llama "monte" —jugar dominó es competir y colaborar con otros hombres en la conquista del monte. Por eso barajar los dominós es "hacer agua." La data de dominós se ve como un líquido informe del cual surgirán las formas arbóreas de las fichas alineadas.

Tal era, al menos, la teoría de mi tío Miguel para explicar la popularidad de este juego. En Cuba Miguel —o "Mike"—

había sido dentista y en el exilio se hizo joyero. Pero su vocación auténtica era la de monosabio. Entre todos mis tíos, era el único contemplativo. Miguel no bailaba, tomaba con moderación y nunca fue parrandero. Lo que sí le entretenía era tratar de desentrañar los misterios del universo. Un dilentante en el sentido genuino de la palabra, la sabiduría le deleitaba. Aunque sus lecturas no llegaban más allá de *Scientific American* y otras revistas populares, siempre estaba cavilando, y apuntaba sus elucubraciones y hallazgos en unas libreticas de bolsillo. Dios era "el átomo supremo"; el universo era "energía"; Fidel era "Batista con barba." Durante las fiestas en la casa de mis padres en Miami, a veces me cogía por el brazo y me decía en una voz bajita, como si estuviéramos conspirando, "Déjame decirte algo, Gustavito, porque yo creo que tú me puedes entender. Yo no vuelvo a Cuba. El día que me fui le dije adiós a ese país para siempre. Fidel, Machado, Batista —todos son iguales. No te dejes engañar por el patriotismo - -nuestro patriotismo es una enfermedad nacional. Cuba es una islita insignificante. Puede hundirse en el mar y nadie la va a extrañar—ni siquiera nosotros los cubanos."

Quizás porque pensaba así, Tío Mike fue uno de esos exiliados que, sin dejarse abatir por el destierro, rehizo su vida en este país. Su padre, Benito Vieta, había sido dentista del rey de España, Alfonso XIII. Su hermano mayor, Ángel, fue decano de la Facultad de Medicina de la Universidad de La Habana. A diferencia de su padre y de su hermano, Mike nunca llegó a ser una figura relevante pero no parecía importarle. De joven había querido ser arquitecto, pero como su padre se negaba a pagar por ninguna carrera que no fuera la de médico, empezó estudiando medicina y terminó siendo dentista. Recuerdo que su consulta estaba en El Vedado, y que mientras mi mamá se arreglaba los dientes yo me quedaba afuera esperando, sentado al borde de una fuente de piedra llena de peces y hojas amarillentas.

Cuando Mike llegó a este país ya tenía sesenta años. En vez de revalidar su título de dentista, encontró empleo como joyero, un antiguo pasatiempo suyo. Siempre decía que empastar una carie era muy parecido a engastar un diamante. Por veinticinco años, trabajó en joyerías primero en Nueva York y después en Miami. Ganó y ahorró lo suficiente para retirarse en Miami Beach y dar varios viajes alrededor del mundo con mi tía Mary. Mi padre y mi tío Pedro siempre se burlaban de ellos, porque para ahorrar para sus periplos Mike y Mary comían con frecuencia en MacDonald's y otros lugares parecidos. (Gustavo y Pedro prefieren comer filete una vez al .nes que fritas todos los días.) Pero Mike y Mary eran muy felices con sus *Big Macs* y *Sausage Biscuits*. Mary, la hermana mayor de mi madre, era una rubia vistosa y pechugona que nunca se podía estar tranquila. Las únicas veces que la vi sentada era cuando les estaba dando clases de inglés o español a sus sobrinos o sus nietos. En Cuba nos enseñó inglés a mi hermano Pepe y a mí; en Miami, veinte años después, les enseñó español a sus nietas Michelle y Heather.

Muy poco propenso a alardes de hombría, Miguel no coqueteaba con las mujeres, las cortejaba. Tenía hacia ellas una actitud reverencial. Según él, no había mujeres feas, pero mi tía era la más bella de todas. Se había enamorado a primera vista cuando Mary —que por entonces tendría trece o catorce años— se apareció una mañana en su consulta. Tuvo que esperar varios años, pero cuando llegó el momento, la enamoró a pesar de las objeciones de la familia, que se opuso al matrimonio porque él era mucho mayor que ella y además era divorciado.

Mike era bajito, delgado y lampiño, y usaba espejuelos con lentes muy gruesos. Pero siempre decía que se sentía dichoso de ser miope —mejor no ver las cosas con tanta precisión— y se jactaba de que nunca había pesado más de 135 libras. En Cuba se entretenía haciendo sandalias estrafalarias para él y para mi tía, y todos los años diseñaba un atuendo para el baile de disfraces del Casino Español. Un año se pintó una barbita, se puso un parche sobre un ojo, se amarró un pañuelo rojo en el pelo y se colgó una espada de la cintura

—convirtiéndose así en un Barba Azul cualquiera. A Mary le diseñó un apretadísimo vestido de lamé dorado con collares de cuentas de colores —el tesoro de Barba Azul. Sucedía, sin embargo, que el tesoro le sacaba varias pulgadas al pirata. En otra ocasión se disfrazó de sultán y Mary —engalanada con cadenas y esposas— era su esclava. Si Mary Anne y yo nos apareciéramos vestidos así en alguna fiesta en Chapel Hill, de seguro que nos echarían del pueblo, pero yo no sé qué habrá pensado la burguesía habanera de los años cincuenta sobre estas pintorescas muestras de afecto.

El aspecto enclenque de Mike y su manera de ser hacían que mi padre y Pedro lo miraran con cierto buenhumorado desdén, como si él fuera menos hombre que ellos. Pero a juzgar por una conversación que escuché en cierta ocasión, no era así. Una tarde Mike, Pedro y mi padre estaban sentados en el patio, y mi padre estaba contando un chiste sobre un viejito de setenta años que se había matriculado en una clase de sexología. Al principio del curso el maestro preguntó cuántos en la clase hacían el amor todos los días. Varios estudiantes levantaron la mano. Finalmente preguntó cuántos lo hacían una vez a la semana, y cuántos una vez al mes, y más estudiantes levantaron la mano. Finalmente preguntó cuántos en la clase hacían el amor sólo una vez al año. El viejito, quien estaba sentado en la última fila, empezó a gesticular y gritar. Cuando el maestro le preguntó qué le pasaba, el viejito contestó, "¡Es que hoy es el día!"

Después del cuento, Tío Pedro se dirigió a Mike.

—Miguel, ese viejito se parece a ti.

—No, Pedro —dijo mi padre—. Miguelito está en el grupo de gente que lo hace todas las noches. ¿No es así, Miguelito?

—Bueno, no tanto —contestó Miguel con naturalidad—. No *todas* las noches.

Pero entre los hombres de esa generación, Mike era la excepción. Los demás no eran ni tan cuerdos ni tan corteses. Mi tío Pedro los llama, con respeto y admiración, "jodedores." Entre ellos sobresale mi abuelo Firmat, un jodedor bien jodi-

do. Cuando era cónsul en Virginia, cada seis meses se hartaba
de su mujer y sus hijos y buscaba algún pretexto literalmente
diplomático para pasarse una temporada en La Habana,
donde tenía una querida. Al cabo de un tiempo volvía a
Virginia, hasta que se hartaba otra vez y regresaba a La
Habana. Así vivió casi diez años. Más tarde, cuando por fin
abandonó a su mujer y a sus hijos definitivamente, le enviaba
notas a mi abuela diciéndole, "Este mes no tengo dinero.
Arréglense como puedan." A pesar de que era empedernida-
mente hipocondríaco, acostumbraba engañarse en su favor.
Aunque inventaba dolencias imaginarias, negaba la realidad
de enfermedades verdaderas. Cuando contrajo cancer en la
próstata, se convenció de que tenía una hernia, se puso una
faja y se recetó morfina. Murió sin saber—o sin querer saber—
qué le pasaba. Cuando estaba agonizando y mi madre le trajo
un sacerdote, sus agradecidas palabras fueron, "Nenita, ¿cómo
puedes tú hacerme esto?"

Me cuesta relatar estos incidentes, que demuestran que
mi abuelo fue mal padre y peor esposo. Pero quisiera creer que
Abuelo Firmat tenía otras cualidades que desconozco. Cuando
murió, yo tenía cinco años, y mis recuerdos son tan borrosos
que mi imagen de él ha sido formada por los comentarios de
sus hijos. (Mi abuela Martínez nunca mencionaba su nombre.)
Según sus hijos, era un hombre solitario y amargado, que
murió resentido porque nunca había recibido el reconocimien-
to que merecía. Sin duda esta descripción capta parte de la
verdad, pero como sus hijos no lo conocieron bien, es posible
que sea un retrato parcial. Yo siempre he creído que mi abuelo
tuvo otra vida —interna o externa— que sus hijos nunca
conocieron. Cuando cumplí cuarenta años, mi madre —según
quien mi abuelo y yo nos parecemos bastante— me regaló el
Nuevo Testamento que había pertenecido a su padre, uno de
los pocos libros de su biblioteca que él permitió que ella
guardara (él opinaba que a las mujeres les perjudicaba leer
demasiado). A pesar de jactarse de su falta de fe, este hombre
incrédulo había subrayado muchos pasajes, entre ellos la afir-

mación de Jesucristo de que el hombre que no rechaza a su madre y a su padre y a su esposa no puede seguirlo.

Además de trabajar en el servicio diplomático, Abuelo Firmat escribía editoriales sobre temas económicos para varios periódicos habaneros. A través de sus columnas en *El Heraldo de Cuba*, abogó con ahínco por la diversificación de la agricultura cubana a través del cultivo del arroz, una posición algo descocada, ya que por lo general el arroz no se da bien en Cuba. También montó campañas en favor del cultivo de la papa y de la manufactura del aceite de coco —otras causas perdidas. Pero, inverosímilmente, su ocupación favorita era cultivar claveles en la azotea de su casa. Según mi madre, les dedicaba mucho más tiempo a sus claveles que a su familia. Injertando diferentes especies, logró desarrollar más de cuarenta variedades de esta flor. Uno de sus secretos era regar las semillas con agua teñida de añil, lo cual producía claveles con un borde azul. Cuando se ponía bravo con mi abuela, a quien no le interesaban en absoluto los claveles, le gruñía, "¿Qué se puede esperar de una mujer como tú, a quien no le importan las flores?"

Entre los contemporáneos de mi abuelo, a los que sí llegué a conocer mejor fue a los tres hermanos de mi abuela Martínez —Pepe, Manolo y Octavio. Muchos cubanos de mi edad tenemos un tío abuelo sifilítico, y Pepe fue el mío. La enfermedad, que contrajo cuando era un adolescente, lo dejó medio sordo y completamente estéril, aunque no creo que su esposa, Josefina, lo supiera cuando se casaron. Aun así, permaneció a su lado por cuarenta años de menguada felicidad conyugal. Pero Pepe no iba a dejar que el matrimonio alterara sus costumbres de soltero. Después de casarse, su enfermedad le servía de pretexto para escapar a la vigilancia de Josefina. Él y su médico, un tal Segurola, formaban parte de una relajada y relajera sociedad, "El Club que los Anaranjados," nombre que aludía a los chancros que los miembros, lesiones que ostentaban como si hubieran sido condecoraciones de guerra. Cuando Pepe quería irse de parranda, le decía a Josefina que tenía consulta con Segurola, y médico y paciente salían juntos a divertirse. A la pobre Josefina los anaranjados la apodaron "la perseguidora," porque siempre le estaba cayendo atrás a su marido.

Cuando llegué a conocer bien a Pepe, en Miami, sus días anaranjados ya habían caducado, y su única pasión era la pelota. Él y Tía Josefina vivían en un *efficiency* a dos cuadras de la Calle Ocho y se pasaban los días en un centro comunitario para ancianos jugando bingo y dominó con otros viejitos cubanos. El único lujo que se habían permitido era un televisor a colores para que Pepe, fanático de toda la vida de los Yankees de Nueva York, pudiera ver los partidos de Las Grandes Ligas. En Cuba, durante mejores tiempos, él y Josefina viajaban a Estados Unidos cada otoño para presenciar la Serie Mundial, pero eso ya no lo podían hacer. Por muy emocionante que fuese el juego, mucho más divertido aún era ver a Pepe ver la televisión. Agachado a pocas pulgadas del televisor, reaccionaba a cada jugada como un niño en el circo. Un ponche era suficiente para provocar una carcajada. Un buen batazo lo dejaba atónito. "¿Viste eso, Josefina?" —le decía a su atribulada esposa— "¿Viste ese batazo? ¡Coño, qué palo!" Para él no había tal cosa como una jugada de rutina o un juego aburrido. Un hombre en la luna no era nada en comparación con Clete Boyer en tercera base.

Tío Pepe fue uno de esos seres desafortunados que en vez de morir se desmoronan, y pasó sus últimos años de hospital en hospital. La última vez que lo vi, en el Mercy Hospital de Miami, estaba hecho un desastre. Pesaba menos de cien libras; tenía tubos por todas partes y una intravenosa en el brazo; no podía hablar. Josefina, que casi lucía peor, estaba a su lado igual que siempre. Tonto que soy, le hice a mi tío una pregunta absurda —que cómo estaba. En lugar de mandarme para el diablo o balbucear algo piadoso, señaló a su corazón y meneó la cabeza como para decir, "Este está jodido." Después señaló hacia el hígado con el mismo movimiento —tampoco el hígado le estaba funcionando. Después hizo lo mismo con los riñones y la vesícula. Finalmente, señaló hacia el bajo vientre y entonces hizo un ademán de cortarse la garganta, como para decir, "Pero ésta, ésta sí que no sirve para nada. Daría igual si me la cortaran." Josefina, que lo había presenciado todo, se sonrojó y dijo, "Dios mío, mira las cosas que se le ocurren a mi Pepe."

Lo que aprendí ese día, una lección sencilla pero indispensable, es que un hombre es más espíritu que cuerpo. Se puede destrozar el cuerpo sin matar el espíritu. Y Pepe era puro espíritu —puro espíritu burlón. Amó la vida aún cuando la vida no le correspondió. Así fue de joven, y así fue hasta que murió. Ni la enfermedad ni el exilio lograron quitarle la chispa de picardía y vitalidad. Según Josefina, una de las últimas cosas que hizo antes de caer en coma fue darle un pellizco a una enfermera. Me agrada pensar que entró en la gloria —o donde haya ido a parar— con el deseo en los dedos.

Al contrario de Pepe, su hermano Manolo era un hombre solemne a quien no le gustaban ni los relajitos ni las indiscreciones. Lo recuerdo vestido impecablemente con trajes de dril cien, hablando del ingenio en el cual llevaba los libros. Pero lo que la familia no sabía, o al menos presumía no saber, era que Manolo también guardaba sus secretos, puesto que dedicaba sus horas de ocio a escribir comedias pornográficas para el Alhambra, un famoso teatro burlesco de La Habana. De esta vocación secreta me enteré por accidente en un lugar inverosímil —la biblioteca de Duke University— mientras leía un libro sobre el teatro vernáculo cubano. En una lista de media docena de dramaturgos que habían alcanzado "grandes éxitos teatrales" en el Alhambra, estaba el nombre de mi tío. Más tarde, Tío Pedro me confirmó que sí, que en efecto Manolo escribía para el Alhambra bajo el seudónimo de —no era para menos— "Manolo de Más." Su gran triunfo escénico fue una obra titulada "Los farolitos rojos," donde se burlaba de una ley que exigía que los prostíbulos se identificaran como tales. Según Pedro, había gente en la familia que estaba enterada del pasatiempo de Manolo, pero nadie lo comentaba, como tampoco comentaban el hecho de que tenía dos queridas, una blanca y otra mulata. Nunca se casó con ninguna de ellas y —que yo sepa— nunca tuvo hijos.

El tercer hermano, Octavio, era medio sordo igual que Pepe (decía mi abuela que era por haber tenido difteria, pero es posible que haya sido una enfermedad menos venerable y más venérea). Octavio era propietario de una tienda de efectos musicales llamada, lógicamente, La Casa de la Música. De joven formó parte del ABC, una asociación estudiantil que desempeñó un papel decisivo en la lucha contra Gerardo Machado. Dentro de los radios de su tienda escondía armas y explosivos destinados para atentados y otros actos de terrorismo urbano. Aunque La Casa de la Música era un lugar de reunión para gente del ABC, Octavio nunca tuvo problemas con La Porra —la temible policía secreta de Machado— puesto que su concuño, Ricardo Firmat, era secretario del dictador y había dado órdenes de no meterse con su pariente. Al caer Machado, Octavio le devolvió el favor, pues Ricardo escapó de La Habana en el carro de Octavio, que exhibía la bandera de salvo-conducto del ABC.

Esos son mis fantasmas —jugadores y jodedores, maniáticos y mujeriegos, fieles y facciosos. Sospecho que alguna gente consideraría que no son más que una partida de bribones. Pero yo los quiero y los necesito. Soy su suma, o quizás sólo su residuo. Sin saberlo, cada uno de ellos me ha legado algo. Ricardo y Octavio me enseñaron a poner los lazos de familia por encima de las simpatías políticas. Manolo y Pepe, a amar la vida contra viento y marea. De mi tío Miguel aprendí una forma distinta de ser hombre cubano. Y de mi abuelo Firmat, la dedicación a las causas perdidas. Mis tíos y abuelos forman un concilio de fantasmas al cual acudo en busca de compañía y orientación. En español, cuando hay un jugador de menos en un partido de dominó, se dice que falta una pata. Ellos son mi pata ausente.

Cuando miro a la gente que me rodea, no encuentro hombres con el espíritu de Pepe o Manolo o Ricardo. En el supermercado o la tienda de alquilar videos, me encuentro con hombres que, cuando llegan a sus cuarenta o cincuenta años, arrastran los pies y caminan cabizbajos. ¿Por qué lucen tan maltrechos? ¿Es que la vida los ha tratado tan mal? A menudo me pregunto qué pensaría mi tío Pepe de esta gente. Lo imagino parado conmigo afuera del Food Lion, viendo pasar a estos tipos con sus carritos llenos de cartuchos con víveres, maravillado de la docilidad que aparentan. Entonces me dice con su vozarrón de sordo, "Tú sabes, Gustavito, lo que les pasa a estos americanos es que han olvidado el placer de la conquista. Aquí lo que hace falta es una sucursal del Club de los Anaranjados en el exilio."

꒰꒰ ꒰꒰ ꒰꒰

Aunque yo hablé muchas veces sobre el dominó con Tío Mike, lo jugaba sólo con mi padre y Tío Pedro. Ahora jugamos menos que antes, pero todavía mis peregrinajes a Miami casi siempre incluyen una sesión de dominó. Empezamos después del almuerzo y no paramos hasta que mi madre nos obliga a sentarnos a comer. A veces seguimos el juego después de la cena y no terminamos hasta tarde. Ya que somos sólo tres, jugamos la variante que se denomina "guerra" —o sea, cada uno por su cuenta. Mientras jugamos, fumamos y bebemos (J&B para mi padre y Chivas Regal para mi tío, que tiene gustos caros). A media tarde alguien va a La Carreta a buscar una colada de café y unos pastelitos, ya que Pedro se niega a probar el café de su hermana. Dice que el único café de Miami que se puede tomar es el de Versailles o La Carreta, y solamente el que se cuela en el mostrador de afuera. Cuando jugamos, siempre pierdo más de lo que gano, pero como las apuestas son modestas, aun cuando pierdo salgo ganando.

Gustavo y Pedro juegan muchísimo mejor que yo, pero ninguno de los dos está dispuesto a develar sus secretos. Suelen achacarle a la buena suerte resultados que nacen de pericia y picardía. Cuando les hago una pregunta —"¿Cómo

sabían que yo iba a pasar con cincos?"— me contestan parca-
mente: "Casualidad." Pero la razón de su parquedad no es sólo
aprovecharse de mí, sino la convicción de que el dominó no se
enseña, se aprende. Aunque hablan mientras jugamos, la conversación se limita a fórmulas y dichos tradicionales del juego.
Al colocar un nueve sobre el tablero, Gustavo dice, "Nuevitas
puerto de mar," el nombre y descripción de un pueblo en Cuba.
Pedro pone un seis y afirma, "Se hizo hombre entre las
mujeres." Y cuando hago una pregunta, me callan con la frase,
"El dominó lo inventó un mudo," proverbio que alude a la
leyenda de que el juego fue inventado por un monje mudo que
se llamaba Antonio Dómine. En cierta ocasión Pedro desvió
mis preguntas inoportunas con una sentencia en ñánigo
—"Mundele quiere bundanga." Quiere decir: "hombre blanco
quiere saber misterios."

Igual que las cenas en "La Habana Vieja," estas partidas
de dominó con mi padre y mi tío me transportan a otro mundo.
El barajar de las fichas convoca a mi concilio de fantasmas
—mis abuelos Pérez y Firmat, mis tíos abuelos Manolo, Pepe,
Octavio, Paco y Ricardo; el tío que no conocí, Pepín; el primo
de mi padre, Joseíto; mis tíos Ricardo, Miguel y Tony; mi
padrino y los de mis hermanos— Feluco, Mario, Abelito,
Orlando. Cuando mi padre pega el doble blanco y declara,
Blanquizal de Jaruco, sus palabras actúan como un sortilegio.
De pronto veo el salón de juego del Casino Español, con sus
pisos de granito y los ventanales mirando al mar. Veo las filas
de mesas de dominó, con los tragos y los chicharrones y los
platos con montañas de manjúas fritas. Veo a esos hombres de
quienes desciendo —algunos achispados, otros sombríos— que
estudian la mesa y contemplan su próxima jugada. Y entonces
me veo entre ellos. Igual que ellos, sé trabajar mi data y disimular mis fallos. Igual que ellos, domino la jerga del juego.
Igual que ellos, no revelo mis secretos. Nadie podría notar
que, a decir verdad, estoy fuera de lugar.

∽❦∾ ∽❦∾ ∽❦∾

En el Casino Español, al lado del salón del dominó, había otro salón para la canasta. De niño en Cuba, ése era el juego que yo y mis hermanos jugábamos. Aunque hoy en día casi nadie sabe jugar canasta —llevo varios meses buscando infructuosamente una libretica para apuntar los tantos— hace treinta o cuarenta años la canasta era un pasatiempo de moda tanto en Cuba como en Estados Unidos.

A diferencia del dominó, la canasta no consiste en una competencia agresiva. Una "canasta" no sirve para dominar sino para recoger, y por lo tanto la meta del juego no es "botar" fichas sino "cerrar" canastas. El juego se basa no en el dispendio sino en la acumulación. Una buena mano de canasta es como un hogar bien llevado: Las cartas se colocan en una bandeja; el tapete sobre el cual se juega se parece a un delantal con bolsillos; las canastas se dividen en "sucias" y "limpias," como cestos de ropa. A una carta que impide poner otras se le llama "tapón" y un "paquete" de cartas que no se pueden tomar está "congelado." Los tres rojos son "flores" y la suma de los cuatro es un "florón." A diferencia de la jerga del dominó, el lenguaje de la canasta es conciliador y pacífico. En inglés, cerrar canastas es *meld*, aúnar o combinar. Al final de un juego de canasta, no se proclama triunfalmente, "¡dominé!" En lugar, se le pregunta al compañero, "¿Me puedo ir?" Si bien el dominó se basa en la afirmación agresiva de cada jugador, la canasta busca la sociabilidad y reconciliación. No es un proyecto de conquista sino de consenso. Incluso hay una manera de jugar que se llama "con amigo."

La jugadora más ávida de canasta en mi familia era mi abuela Constantina. En Cuba jugaba casi todas las tardes en el Casino Español; en Miami ya no podía jugar tan a menudo, pero se las arreglaba para reunirse con sus amigas dos o tres veces a la semana. Ya que Constantina tomaba el juego muy en serio, nunca le interesó jugar con niños. En Miami se dignaba jugar con sus nietos sólo cuando no le quedaba otro remedio. Con una estatura de cuatro pies con nueve pulgadas y un peso que a veces ascendía a las doscientas veinte o treinta libras, Constantina era un bola de grasa y un bólido de energía. Era tan bajita y tan ancha que cuando yo la llevaba de compras a Sears (la única tienda en Miami que frecuentaba), teníamos que usar el elevador de carga porque su extenso cuerpo no cabía en las escaleras eléctricas. Aunque su presión arterial y su colesterol siempre estaban por las nubes, cuando por fin le falló el corazón tenía noventa años y había gozado de buena salud casi toda su vida. Dotada de excelente apetito, siempre le gustaron las comidas fritas y los dulces. Una de sus especialidades era arroz con manteca, que yo consumía con deleite y terror. A pesar de su tamaño, tenía suficiente ligereza para bailar la jota con agilidad, en una rara demostración de gracia con grasa. Castañueleando con los dedos, daba pasitos y pequeños brincos al compás de la música, que tarareaba con voz de pajarito, como un canario obeso tambaleándose en una cuerda floja. También le gustaba bailar el pasodoble con mi padre, pero entre su grosor y el de ella, casi no podían abrazarse.

En Cuba Constantina había sido el alma del almacén. Sin apetito para conflictos y litigios, mi abuelo Pepe era un hombre tímido y trabajador que se ocupaba de lo suyo y dejaba en paz a los demás. No así Constantina, a quien le encantaba una buena bronca, sobre todo cuando le acarreaba alguna ganancia económica. Siempre que había algún lío que resolver en el edificio, ella era la que terciaba. Cuando hizo falta modificar las leyes de zonificación para poder construir un nuevo edificio, fue ella quien se las arregló con los inspectores. Cuando un cliente descontento les puso un pleito, fue ella quien compareció al juzgado. Gracias a ella el gobierno de la ciudad los indemnizó generosamente por el viejo almacén que descansaba contra un pedazo de la antigua muralla de La Habana. Cuando al principio el municipio no quiso pagar lo que ella pedía, los llevó a juicio. Y cuando el juez no dictó la sentencia

que ella esperaba, le contestó que su segundo apellido no era
Mulas por nada (se llamaba Constatina Cantarín y Mulas), y
siguió insistiendo hasta que por fin obtuvo la cantidad que
quería. Mujer libre antes de la liberación de la mujer, también
tuvo tiempo para criar a tres hijos y mantener una casona
donde también vivía su hija con su marido y sus hijos. Todo
esto a pesar de que había dejado la escuela en el tercer grado.
Una vez me dijo que saber contar era mucho más util que
saber escribir.

Aunque su casa en el Reparto Kohly estaba al lado de la
nuestra, generalmente la veía sólo una vez a la semana. Todos
los viernes, a la hora del almuerzo, mi hermano Pepe y yo nos
dirigíamos a su casa para enseñarle nuestros "boletines" con
las notas del colegio. Entrando por la cocina, la encon-
trábamos sentada sola en la mesa del comedor, rodeada de
platos humeantes de comida, con una servilleta extendida
sobre el pecho. Mi madre nos había enseñado que no era de
buenos modales ponerse la servilleta debajo de la barbilla,
pero Constantina no creía en finuras. Ya que a mi madre no le
gustaban las comidas fritas (triste consecuencia de su niñez
norteamericana), el olor de la cocina de Constantina no se
parecía en nada al de la nuestra. Cuando entrábamos en la
cocina de Constantina, el delicioso aroma de las costillitas de
puerco o de los plátanos maduros friendo en aceite nos daba la
bienvenida. Pero mi hermano y yo no estábamos ahí por los
olores sino por los dólares. Nos acercábamos adonde estaba
sentada nuestra abuela, le dábamos el beso obligatorio cuidan-
do de no embarrarnos de grasa, y le enseñábamos nuestras
notas. Si eran buenas, ella se limpiaba la boca con la servilleta
y nos pedía que le trajéramos su cartera negra. En un bolsillo
de la cartera, dentro de una bolsita que estaba sujetada con
un alfiler de criandera, guardaba algunos billetes americanos,
y nos daba uno o dos dólares de recompensa. Entonces Pepe y
yo regresábamos al pollo grillé y puré de papas que nos espe-
raban en nuestra casa.

Después de que salimos de Cuba, tuve poco que ver con Constantina por varios años, aunque vivíamos bajo el mismo techo. Yo estaba demasiado ocupado con el colegio y los amigos para prestarle mucha atención. Ella todavía jugaba canasta con las mismas amigas de Cuba, y todavía le gustaba comer, salvo que ahora no tenía cocinera. Cuando no estaba cocinando o jugando canasta, se pasaba las horas o peleando por teléfono con Eloísa, su mejor amiga y su némesis preferida, o leyendo los "periodiquitos" del exilio, o escuchando programas de radio. Su favorito era "El Show de las Doce," con Carlos Estrada y el maestro Espigul, que permitía que los oyentes llamaran y recitaran poemas o cantaran. A veces Constantina llamaba para recitar poemas que había compuesto, o que creía haber compuesto, porque eran versos de autores como Campoamor o Juan de Dios Peza. La única de sus composiciones originales que recuerdo empezaba: "Adiós mi Cuba querida / no puedo vivir sin verte / que mi destino es quererte / y amarte toda la vida."

Aunque Constantina vivió en los Estados Unidos por más de veinte años, nunca aprendió una palabra de inglés —o *inglis*, como solía decir. Durante un tiempo asistió con sus amigas a clases de inglés, pero no hay maestro, por excelente que sea, que hubiera podido enseñarle a mi abuela a decir *yes* o *thank you*. Sus cuerdas vocales se negaban a emitir ningún sonido que sonara remotamente como una palabra del idioma inglés. Nunca logró siquiera pronunciar el nombre monosílabo del marido de mi prima —Jeff. Siempre le salía "yes." Pero cuando trataba de decir que sí en inglés, salía algo como "ches." No se vanagloriaba de su torpeza, pero tampoco se avergonzaba de ella. La aceptaba como inevitable. "Gustavito," me decía, "el *inglis* no me entra. Dios no querrá que yo hable *inglis*." Algo similar le había pasado en Cuba. A pesar de que llegó joven de España, nunca perdió su acento castizo. Madrid era siempre "Madriz." Taxi era siempre "tasi." También retuvo los nombres que tenían algunas cosas en su aldea —hielo era nieve, mantequilla era manteca, un poco de algo era siempre una miaja.

A veces sucede que los ancianos son los menos afectados por el exilio, porque su inadaptabilidad actúa como una barrera protectora. Y así sucedió con Constantina, que vivía en Miami como si todavía estuviera en Cuba. Ya que nunca se le ocurrió que moriría en Estados Unidos, aceptaba el exilio con una resignación que a veces rayaba en alegría. Su actitud se debía en parte a su temperamento optimista, y en parte a la tendencia de los viejos de vivir de recuerdos y fantasías. A diferencia de mi padre, sus sueños de regresar a Cuba permanecieron tan lozanos como sus zetas castellanas.

En 1970, cuando yo empecé a asistir a la Universidad de Miami, Constantina y yo entablamos un convenio que duró hasta que me mudé de Miami. El acuerdo era que ella cocinaba y yo comía. Después de pasarme la mañana en la universidad tomando clases sobre las novelas de Dickens o el teatro de Shakespeare, regresaba a su casa —por esa época vivía en el apartamento de los altos— para disfrutar de su fabada y su caldo gallego. Inesperadamente, la formación universitaria que me estaba distanciando de mis padres me acercó a mi abuela. Como mi especialidad era literatura inglesa, Constantina no tenía la más mínima idea de lo que yo hacía en la universidad, pero ella necesitaba algo en que entretenerse y yo necesitaba donde comer, de modo que nuestros destinos se unieron.

Ir a su casa para almorzar era como volver a Cuba. Los olores y sabores eran los mismos. Cuando yo llegaba, a eso del mediodía, Constantina ya estaba sentada en la mesa, con la servilleta en el pecho. Como el fogón estaba descompuesto, usaba una hornilla portátil que mantenía al lado de la mesa, para así poder vigilar la comida sin tener que levantarse. Encima del refrigerador —siempre le decía nevera— tenía una cazuela con serrucho en escabeche, plato que comíamos por lo menos una vez a la semana. Ya que no alcanzaba los estantes que estaban sobre el fregadero, guardaba los cacharros limpios dentro del horno, que casi nunca usaba. Yo trataba de que cocinara con poca grasa, pero sin éxito. A veces al echar varias cucharadas de manteca en un cacharro me decía, "¿Ves, Gustavito? ¿Ves que poca grasa le pongo?" Mi gran triunfo fue conseguir que friera los huevos en agua en vez de aceite, pero sabían tan ricos que yo sospecho que me engañaba. De postre preparaba platos sencillos como torrejas en almíbar o cascos de guayaba con queso crema. Las guayabas yo las cogía de un árbol que teníamos en el patio (¡ay! Aselia), y que un día mi madre mandó cortar, ya que le molestaba el olor punzante de las guayabas podridas. El almuerzo siempre concluía con una infusión de café cubano, que Constantina bebía del platico en vez de la taza.

Mientras comíamos, escuchábamos el Show de las Doce o platicábamos sobre política o asuntos de familia. Cuando recibía una carta de mi tía Cuca, me la leía en voz alta, explicando y comentando su contenido. Cuando se reía, lo cual hacía a menudo, los rollos del cuello le daban contra el pecho hinchado. Parecía una enorme gallina. Sus carcajadas eran cacareos. Ya que estaba segura de que regresaríamos a Cuba, no le dolía hablar sobre el pasado, y lo hacía continuamente. En casi todas sus historietas, ella era la estrella y mi padre y mi abuelo hacían de segundones. No obstante, por lo que he podido confirmar, no exageraba sus proezas. Por mucho que le gustara la apacible canasta, Constantina no era un alma de Dios. Con la nariz en forma de gancho, la quijada saliente, y el cuerpo masivo, era a la vez objeto inamovible y fuerza irresistible. Cuando se enojaba, era de temer. Te podía arrancar el corazón con tres palabras.

Una vez, por alguna razón que no recuerdo, ella y mi mamá suspendieron su pacto de no-agresión mutua y se enfrascaron en una ruidosa disputa. Siempre que quería herir a mi mamá, Constantina acudía a su insulto definitivo —llamarle "hija de divorciados." A lo cual mi madre respondía que si Constantina tanto la despreciaba, por qué no se iba a vivir con su hija en Nueva York. En esta ocasión, después de escuchar el intercambio de insultos, me pareció que Constantina estaba abusando de mi madre, y salí a defenderla. La discusión se había extendido al patio, donde mi madre estaba sacando una muda de ropa de la lavadora mientras Constantina la vituperaba. Me le encaré a mi abuela en las escaleritas que daban al patio y le grité, "¡Basta! ¡Basta!" Sorprendida por mi intervención, Constantina gruñó unos momentos más, pero pronto se dio a la retirada. Unos días después, mientras almorzábamos, me dijo: "Gustavito, a mí me dolió mucho que tú me gritaras porque tú sabes cuánto yo te quiero, pero me alegra que hayas defendido a tu madre, porque para eso están los hijos." Nunca más hablamos del incidente.

Por las noches, a eso de las nueve, subía otra vez a su apartamento. Juntos veíamos una o dos telenovelas (nuestras favoritas eran *Simplemente María y Natacha*), colábamos café durante los anuncios, y yo le ponía goticas en los ojos. Esto último era difícil, ya que a Constantina le costaba mucho trabajo echar para atrás la cabeza. Primero tenía que acomodarse bien en su sillón de aluminio, del cual tenía varios pañuelos amarrados. Entonces zafaba uno de los pañuelos y se secaba los ojos. Después echaba la cabeza hacia atrás lo más que podía —no más de cinco centímetros— y yo (tan alto) me inclinaba sobre ella (tan baja) con el cuentagotas. Después de ponerle dos goticas en cada lagrimal, Constantina pestañeaba varias veces —esto sí lo hacía bien— para que el líquido le entrara en el ojo. Para terminar se secaba los ojos con el pañuelo y me preguntaba si las goticas habían entrado. Yo siempre le decía que sí. Y entonces volvíamos a nuestra telenovela.

A cambio de la comida y la hospitalidad, yo le hacía diligencias y le servía de chofer. Constantina salía poco, y siempre a los mismos lugares: a la bodega y la carnicería, a casa de sus amigas Eloísa y Lucrecia para jugar canasta, y a las consultas de sus médicos, que eran legión. Tenía un médico para cada órgano: el de los ojos, el del corazón, el de los oídos, el del estómago, el de los riñones. Casi todos eran exiliados jóvenes que trataban a viejitas como mi abuela con cariño y comprensión, ya que sabían que el propósito de las frecuentes consultas era tanto social como médico. Constantina reciprocaba las atenciones de sus médicos con coqueterías. Decía que eran sus "novios" y les regalaba botellitas de agua de violeta y otras boberías. A veces la dejaba en el médico después de almuerzo y no la recogía hasta las cuatro o las cinco. Generalmente había quedado con una de sus amigas en reunirse allí y pasarse la tarde chismeando.

Pero en realidad Constantina disfrutó de excelente salud durante casi toda su vida. Siempre bromeaba que ella era inmortal, como los ángeles. Tenía casi noventa años cuando se fracturó una cadera. Después de ese percance se le hizo difícil caminar, sobre todo porque una de las invenciones norteamericanas que nunca llegó a dominar fue el andador o *walker*. En vez de situarlo delante de ella y apoyarse en él mientras avanzaba, lo remolcaba detrás de sí como si fuera un trailer. No había manera de convencerla de que el andador se debía usar de otra manera. La enfermedad de la cual sí padeció toda su vida fue depresión —o "neura," como solía decirle. La neura la sobrecogía inesperadamente. Una mañana, sin aviso, se despertaba incapacitada. Ya no podía vestirse, cocinar, limpiar, ir de compras, hablar por teléfono. Aunque siempre fue vanidosa (se sentía muy orgullosa de su pelo sedoso y de su piel lisa), cuando le daba la neura andaba por la casa como un alma en pena, sin peinarse o maquillarse, vestida sólo con una bata y pantuflas. Amarrándose varios pañuelos a las tiras de la bata, no escatimaba oportunidad de que la viéramos secándose las lágrimas, que no eran todas inducidas por la depresión, ya que siempre tuvo un lagrimal tupido. Pero el llanto y los pañuelos acentuaban el dramatismo de su condición. La única actividad inmune a la neura era la canasta, aunque en épocas muy malas la canasta también caía víctima de su aflicción. Cuando Constantina dejaba de jugar canasta, sabíamos que la neura era grave de verdad.

Estos episodios de depresión duraban semanas o meses hasta que, un buen día, amanecía curada. Constantina siempre ofrecía una interpretación sobrenatural de su súbita recuperación. "Anoche estaba rezando cuando se me apareció la Virgencita del Carmen y me dijo que me iba a curar la neura. Cuando desperté, estaba llena de ánimo." En otras ocasiones se le aparecía el Arcángel Gabriel o algún santo predilecto como San José, del cual era devota. Si las neuras eran malas, los días inmediatamente después de las curas milagrosas casi eran peores. Entonces Constantina se convertía en un remolino de actividad, pues de pronto tenía que hacer todo lo que había desatendido durante la enfermedad —cocinar, limpiar, maquillarse, ir de compras, pelearse con Eloísa, visitar a sus "novios." En épocas así no era nada fácil lidiar con ella, y yo casi deseaba que se enfermara otra vez. Pero cuando las ánimas le levantaban los ánimos, no había quien la calmara.

Mi abuela y yo nos parecíamos a un matrimonio feliz pero incongruente, a una pareja dispareja, unida por el cariño y el hambre. Uno de los fundamentos de nuestra relación era que a ella le caían mejor los hombres que los niños. En Miami, de hombre joven, yo le resultaba más interesante que cuando era sólo un niño en Cuba. Constantina no horneaba galleticas, no acompañaba a sus nietos al cine, no los cuidaba cuando se enfermaban ni se quedaba con ellos cuando los padres se iban de viaje. Esos quehaceres tradicionales recaían sobre mi otra abuela, Abuela Martínez, que los desempeñaba con esmero y buena voluntad porque, a diferencia de Constantina, se llevaba mucho mejor con los niños que con los hombres (probablemente a causa de haber vivido demasiados años con Abuelo Firmat). Abuela Martínez era quien nos llevaba al cine y nos compraba juguetes, y quien me enseñó a jugar canasta cuando yo tenía siete u ocho años. Constantina nunca tuvo tiempo para estas cosas, lo cual salió bien a la larga, ya que de esta forma tuve una abuela de niño y otra de hombre.

Como cualquier pareja, Constantina y yo tuvimos nuestras desavenencias. Un día me dijo: "Sabes, esa tía con quien

estás saliendo es una puta." Por poco se me atraganta la mor-
cilla. Cuando le pregunté cómo lo sabía, me contestó: "Tiene
veintitrés años y no está casada, tiene que ser una puta.
Además, yo soy medio bruja, ¿sabes?" Lo de medio bruja era el
estribillo de todas sus conversaciones. Siempre que se entera-
ba de algo, decía lo mismo: "Es que soy medio bruja, ¿sabes?"
Al oírle insultar a mi novia, me puse furioso. Le dije no sé qué
y me fui sin terminar el almuerzo. Después estuve varias semanas sin subir a almorzar o hacerle la visita por las noches.
Durante este tiempo regresaba a casa de la universidad para
encontrarme a Constantina sentada junto a la ventana de la
sala, esperándome como una princesa encarcelada. Al verme
llegar, me decía con voz plañidera, "Gustavito, Gustavito, ¿por
qué ya no me quieres, Gustavito?" Yo seguía de largo sin decir
nada. Pero finalmente el hambre pudo más que el orgullo, y
Constantina y yo hicimos las paces y volvimos a nuestra rutina. Cada vez que yo empezaba a salir con una muchacha
nueva, Constantina me decía, "Tú eres un poco veleta, como tu
abuelo." En eso también tenía razón. Nunca he tenido la con-
stancia de Constantina.

Su muerte en abril de 1979 dejó un enorme vacío en la
familia. Aunque ya habían sucedido otras muertes en el exilio,
ésta era la primera vez que me pareció que acontecía algo irre-
vocable, que el destierro nos había cambiado para siempre.
Además de formar parte de mi vida diaria por muchos años,
Constantina era mi puente con personas y sucesos que no
conocía o que recordaba indistintamente. Ella me hablaba
sobre el almacén y me hacía anécdotas sobre mi padre y mi
abuelo. A través de ella me enteré de su tío el obispo y de mi
primo tísico que vivía en España. Con Constantina murió toda
esa parte de nuestra historia familiar. Capaz en todos los sentidos, ella era una multitud, una canasta de gente. Experimenté su muerte como una despoblación. Constantina ocupaba
tanto espacio que cuando murió la familia se encogió, perdió
peso y espesor.

Los demógrafos y sociólogos que han escrito sobre los exiliados cubanos acostumbran contar el número de cubanos que vive en Miami. Yo me he preguntado si alguna vez se les ha ocurrido contar el número de cubanos que ha perecido en Miami. Si la ciudad es una pequeña Habana, no es sólo por los cubanos que viven allí, sino también —y quizás primordialmente— por los cubanos que allí han muerto. Los vivos siempre pueden mudarse; los muertos no. Son ellos los residentes permanentes de verdad. Aunque la dictadura de Fidel Castro acabara mañana mismo y todos los exiliados regresaran a su patria, Miami seguiría siendo una Pequeña Habana. Miles y miles de muertos como mi abuela son la razón. Curiosamente, como la lápida en la tumba de Constantina registra el día y lugar de su nacimiento y de su muerte, no menciona a Cuba —el país donde pasó los mejores años de su vida, donde se casó y tuvo hijos, donde ayudó a mi abuelo a levantar el almacén, donde jugaba canasta casi todos los días.

Cuando Constantina se enfermó por última vez, yo ya estaba en Carolina del Norte. Fui a Miami a verla, pero como por esa época estaba terminando mi tesis doctoral, después de unos días regresé a Chapel Hill. Antes de regresar, fui al hospital a despedirme. Era un sábado y todavía estaba en la unidad de cuidado intensivo, pero tal parecía que iba a superar esa crisis como había superado las anteriores. Le di un beso y le prometí que la vendría a ver más adelante ese verano. Ella me tiró un beso de vuelta y pestañeó coquetamente, como siempre. El lunes por la mañana mi madre me llamó para decirme que Constantina había muerto la noche antes. Regresé a Miami para el entierro. Esa noche en la Funeraria Rivero me sorprendió ver lo bien que lucía. Su amplio cuerpo se había extendido dentro del féretro como si fuera natilla. Nunca antes había visto a mi abuela con una expresión casi angelical en la cara.

Mirándola, me acordé de la Constantina que yo había conocido en Cuba, que siempre estaba jugando canasta o contando billetes. Y entonces pensé en la otra Constantina, en la

abuela que tuve durante tantos años de exilio, la de las compras navideñas en Sears y los almuerzos de huevos fritos y
escabeche, la de las noches de telenovelas y goticas para los
ojos. Me costaba trabajo creer que ya no iba a ver más a esta
mujer estupenda, a quien yo había querido tanto. Perdido en
mis divagaciones, me incliné sobre su cuerpo. Entonces me
pareció oír el cacareo de su risa, y una voz de pajarito que me
decía, "No llores, Gustavito, ya sabes que soy inmortal, como
los ángeles."

Seis
Nochebuena *Good Night*

La Habana y Miami, en Nochebuena

Cuando reflexiono sobre la vida de mi madre, siempre me viene a la mente el recuerdo de nuestras Nochebuenas cubanas, ya que esa fiesta encarna el espíritu de unidad familiar que ha animado su existencia. Para ella —como para mucha otra gente— la Nochebuena representaba el momento culminante del año, pues ofrecía la oportunidad de reunir a toda la familia. Dividida en dos por la misa del gallo, en Cuba la Nochebuena oscilaba entre lo sagrado y lo profano, entre el fervor y el frenesí. Como por esos años había que ayunar antes de comulgar, la fiesta no empezaba de lleno hasta la madrugada del veinticinco, cuando la gente regresaba de la misa que toma su nombre de la antigua costumbre romana de celebrar el oficio cuando cantan los gallos. Pero a decir verdad, los gallos cubanos empezaban a cantar mucho antes de la madrugada, y para la medianoche la fiesta ya tenía varias horas de duración.

A diferencia de las Navidades norteamericanas, la Nochebuena es esencialmente una celebración para las personas mayores, ya que los niños cubanos solían recibir sus regalos el día de los Reyes Magos, casi dos semanas después. Por lo general mis hermanos y yo nos acostábamos antes de la medianoche, aunque para los dos o tres últimos años en Cuba, Pepe y yo ya teníamos edad para acompañar a mis padres a la misa del gallo. Recuerdo que algunos de los hombres se quedaban en el portal de la iglesia, mientras sus esposas e hijos asistían a misa. Desde el interior de la iglesia los podía ver, elegantemente vestidos con sus guayaberas o sus trajes, conversando en grupos. El barullo era tal que a veces el Padre Spirali, el párroco italiano de San Agustín, tenía que interrumpir la misa para mandarlos a callar. Pero aun cuando íbamos a la misa del gallo, nos teníamos que acostar inmediatamente después, ya que nuestro hogar era visitado también por Santa Claus —quien de hecho traía regalos más caros que los Reyes Magos— y si no estábamos todos dormidos "Santicló" no podía entrar. Sin embargo, por el ruido que venía del patio, era difícil conciliar el sueño. La Nochebuena no era una noche de paz.

Después de la cena tradicional, la música y el baile duraban hasta la madrugada. A veces en lugar de ir a la misa del gallo mis padres asistían a la misa que se celebraba a las cinco de la mañana en la iglesia del Sagrado Corazón, y de ahí seguían a desayunar. Generalmente, cuando mis hermanos y yo nos despertábamos el día de Navidad, mi padre todavía estaba durmiendo (o mejor dicho, se acababa de acostar), pero mi mamá ya se había levantado para participar en la apertura de los regalos. Yo creo que la mañana de Navidad con sus hijos era quizás más placentera para ella que la noche de fiesta con los adultos. Mientra abríamos y probábamos nuestros juguetes nuevos, Vargas y las criadas recogían la casa, que estaba toda desordenada por la fiesta de la noche anterior.

Al menos para mí, lo mejor de la Nochebuena no era ni la celebración ni la visita de Santiclós sino los preparativos. Como otras parejas, mis padres siempre han dividido sus labores festivas: mi madre organiza las fiestas, y mi padre las disfruta. En Nochebuena, ella se ocupaba de todo. La obligación de mi padre era aprovecharse de los preparativos de mi madre y asegurarse de que todo el mundo la pasara bien. Pero si Gustavo era el alma de la fiesta, Nena era su maquinaria. Sus preparativos comenzaban varias semanas antes con la llegada de los turrones, la sidra, las avellanas, y los demás productos típicos de la temporada navideña. Muchos de ellos eran regalos de la gente con quien el almacén hacía negocios. En un supermercado al estilo norteamericano que se llamaba Ekloh, comprábamos el pino más alto (árbol grande, ande o no ande), y nos pasábamos varias tardes decorándolo y armando el nacimiento. La chimenea falsa, que tenía el tamaño justo para los figurines del Niño Jesús, San José y la Virgen María, hacía de pesebre. Debajo del árbol poníamos un río de cristal, un puente de cartón y pastores con sus rebaños. A cierta distancia venían Los Reyes Magos montados en sus camellos. En el vestíbulo de la casa, mi madre construía un pueblecito nevado con casitas iluminadas, montañas de algodón, lago y trineos. Entre diciembre y enero, este blanco paisaje invernal era lo primero que se veía al entrar en este hogar habanero, donde hasta las paredes eran verdes.

En comparación con los frondosos árboles a los cuales me he acostumbrado en Carolina del Norte, los raquíticos pinos importados que vendían en el Ekloh se asemejaban a deficientes imitaciones de árboles de verdad. Soltaban agujas licenciosamente y, por mucha agua que se les echara, no se recuperaban de su aspecto pálido y triste. Pero a mis hermanos y a mí esos pobres pinos nos parecían maravillosos. Algunos norteamericanos se limitan a decorar los arbolitos navideños con lacitos rojos o adornos de papel que sus hijos traen de la escuela. Para nosotros, sin embargo, los árboles estaban destinados para el adorno —y por lo tanto no nos importaba ocultar el poco verdor del arbolito tras capas de bolas y luces y rosarios de abalorios. Mientras más decoración, mejor. Los arbolitos no eran objetos naturales sino artefactos culturales —una demostración más del triunfo del ser humano sobre la naturaleza (¡dominamos!). Al final los huecos que todavía quedaban los tapábamos con "lágrimas," tiritas de oropel que envolvían el arbolito como una manta plateada. Lo último era coronarlo con una estatua iluminada del arcángel Gabriel, quien reinaba sobre la sala con los brazos extendidos, como dándonos la bienvenida. Vargas era quien se subía en una escalera y, bajo la vigilancia y dirección de mi madre, ponía el ángel en la cumbre del árbol. Cuando terminábamos, varios días después de haber comenzado, el desnutrido pino lucía elegantísimo —como un tísico envuelto en pieles y joyas, y con una corona celestial.

❧❧ ❧❧ ❧❧

Durante los primeros años de exilio, dejamos de celebrar la Nochebuena, pues parecía absurdo celebrar esta fiesta con toda la familia dispersa —algunos todavía en Cuba, otros en Puerto Rico, otros en Nueva York. La primera Navidad en Miami pusimos un arbolito, más verde pero menos vistoso, con un nacimiento de cartón. Pero en vez de la cena de Nochebuena tuvimos un almuerzo de Navidad. Y en vez del lechón tradicional, mi madre preparó un pavo. Cuando salimos de Cuba, dos meses antes, mis padres albergaban la esperanza de que para la Nochebuena ya estaríamos de regreso en La Habana, pero no fue así. Sentado con mis hermanos en torno a la mesa el día de Navidad, me sentía más desorientado que otra cosa. Hacía sólo pocas semanas que nos habíamos mudado a esta casa, y no sabía bien qué sentir o decir. La celebración navideña fue breve y callada. Esa mañana Santicló había traído regalos, pero unos días después los Reyes Magos no se aparecieron. Mi madre les dijo a mis hermanos pequeños que Los Reyes Magos todavía estaban en Cuba.

Después de varios años de almuerzos navideños, la Nochebuena por fin volvió a nuestro hogar. Para los últimos años de la década de los sesenta, casi todos nuestros familiares habían salido de Cuba, y muchos de ellos vivían en Miami. Ya que estábamos otra vez juntos, no parecía extraño celebrar la Nochebuena en Miami. Es más, pasó lo opuesto: la distancia de nuestra patria inducía a celebrar con más ahínco,

ya que la Nochebuena era una de las costumbres que nos vinculaban con Cuba. Aunque las Nochebuenas miamenses eran
menos espléndidas que las habaneras, los ingredientes esenciales eran los mismos. En la Pequeña Habana había bodegas
cubanas donde se podían conseguir todas las comidas típicas
—y si no había tiempo para cocinar, se compraba el lechón ya
asado. Igual que las comidas, las caras tampoco habían
cambiado. Tío Mike siempre llegaba temprano para montar su
"laboratorio intelectual," donde confeccionaba misteriosos
martinis de acuerdo con una receta que tenía apuntada en
una de sus libreticas. Mientras Mike hacía martinis, Tía Mary
andaba para arriba y para abajo en sus sandalias doradas de
tacón alto, y mi padre buscaba compañeras para bailar. Tony,
el esposo de mi tía Cuca, había sido cantante en Cuba y ahora
era camarero en Nueva York; después de un par de tragos, le
daba por recordar sus buenos tiempos y se ponía a cantar
"Agonía," que había sido su gran éxito en Cuba. Mi hermana
lo acompañaba en la guitarra. Ah sí, y Constantina. Ya entrada la noche, animada por una o dos copas de sidra,
Constantina bailaba su famosa jota, seguida de un pasodoble
con mi padre.

A pesar de las continuidades, sin embargo, estas Nochebuenas no eran trasuntos de las de Cuba. Aunque se hacía lo
mismo —comer, beber, bailar, ir a la misa del gallo—la celebración había empezado a cambiar. Sin que nadie se diera
demasiada cuenta, las tradiciones cubanas y americanas —
Nochebuena y Navidad— empezaban a mezclarse. Igual que
Constantina bailando la jota junto al arbolito, las costumbres
de los dos países se estaban aproximando. A primera vista,
esta aproximación no resultaba nada fácil, ya que las dos fiestas son de muy distinta naturaleza. En tanto anticipación del
nacimiento de Jesús, la Nochebuena propicia un ambiente de
inquietud, de expectativa. Por eso hay gente que suele pasarse
la noche de casa en casa. En la noche del 24 de diciembre, los
cubanos se dividen en dos bandos—los intranquilos y los
inmóviles. Los inmóviles permanecen en sus casas, se abaste

cen de comestibles y bebestibles, y abren las puertas de sus hogares. Mientras tanto, los intranquilos hacen la ronda. Ya que—tanto en Cuba como en Miami—mis padres pertenecían al bando de los inmóviles, parte de la diversión de la Nochebuena eran las esperadamente inesperadas visitas de amigos y parientes, que se aparecían a todas las horas de la noche, se daban unos tragos, bailaban y conversaban un rato, y partían hacia su próxima parada. Por supuesto, la inmovilidad es mucho más segura que el nomadismo, pero los intranquilos son los que le imparten a la fiesta ese imprecindible chispazo de bulla y embullo.

El espíritu de la Navidad no es ni bullanguero ni transhumante, ya que refleja la paz y tranquilidad de San José y la Virgen María después del nacimiento del Niño Jesús. No se basa en la anticipación sino en el reposo. Al ser una fiesta familiar —la celebración de un nacimiento— la Navidad es un momento de regocijo pero no de relajo. Por eso es que la Nochebuena no exige la participación de los niños, y la Navidad sí. Nuestras fotografías de Nochebuena muestran a hombres y mujeres divirtiéndose; las de Navidad muestran a toda la familia —grandes y pequeños— reunida en torno al arbolito. Por eso también, mientras que la Nochebuena es una celebración nocturna, la Navidad es una fiesta diurna, lo que en inglés se llama correctamente un *holiday* —un *día* sagrado. El veinticinco de diciembre las familias norteamericanas se reúnen para intercambiar regalos y pasar unas horas juntos, no para armar escándalos. Cuando Nochebuena y Navidad se encuentran, las noches cubanas se topan con los días norteamericanos.

En casa la unión de día y noche ocurrió cuando los que éramos niños al llegar al exilio crecimos y empezamos a casarnos y tener familia propia. Esto sucedió a partir de los años setenta, con el resultado de que se estableció un equilibrio entre los polos "cubanos" y "americanos" de la familia. Los mayores —mis tíos y mis padres— mantenían vigentes las tradiciones de Nochebuena; los más jóvenes —sus nietos— celebraban Navidad. Yo oscilaba entre los dos polos, a veces haciendo el papel de hijo de mi padre, y otras veces el de padre de mi hijo. Durante esta época de equilibrio cultural y generacional, la Nochebuena alegraba la Navidad, pero la anticipación de *Christmas Day* le daba cierta mesura a la Nochebuena. Como los mayores tenían que levantarse temprano para abrir los regalos con los niños, no se podía estar de juerga toda la noche. Además, la casa era demasiado pequeña para que los niños pudieran dormir mientras las personas mayores seguían divirtiéndose afuera. Ya que para entonces la Iglesia había eliminado los reglamentos sobre la necesidad de ayunar antes de comulgar, casi siempre mi madre servía la comida antes de las doce, y para las dos o las tres de la mañana la fiesta había concluido.

A mí me encantaban estas fiestas híbridas, mitad día y mitad noche, ya que parecían combinar lo mejor de los dos mundos. Sin embargo, el biculturalismo se desgasta con el tiempo, y para la tercera década de exilio, nuestras Nochebuenas habían cambiado otra vez. Algunos de los "viejos" —Tío Pepe, Constantina, Abuela Martínez, Joseíto, Tío Mike— habían muerto. Otros se pusieron muy ancianos o muy débiles para viajar o ir de fiesta. Cuando murió Tía Amparo, Tío Pedro dejó de venir a casa por Nochebuena. Desde entonces se pasa las Navidades jugando póker en las Bahamas, y ahora para él una noche buena es cuando no pierde demasiado dinero. Además, los más jóvenes (o los menos viejos) tenemos nuestras vidas y no siempre podemos pasar las Navidades en Miami. Mi hermana Mari, que vive en el norte con su esposo y sus tres hijos, ha empezado a celebrar blancas Nochebuenas entre la nieve y el frío de Chicago; igual sucede con mi hermano Pepe en Atlanta. Mis primos Maggie y Armandito se han mudado para México y casi nunca nos vemos. De vez en cuando, algunos de nosotros todavía coincidimos en Miami para Nochebuena, pero pasa con menos y menos frecuencia.

Hace varios años ya que mi madre viene diciendo que se está poniendo demasiado vieja para todo el trabajo, que ésta será la última vez que celebra Nochebuena, pero siempre al año siguiente prepara otra cazuela de congrí y asa otro lechón —o mejor dicho, asa un pavo y compra una pierna de lechón ya cocinada— y trata de reunir a la familia. Por muy americana que ella se considere, no parece estar dispuesta a abandonar esta costumbre. Los hábitos habaneros perduran. Pero para mis padres la Nochebuena se ha convertido en una fiesta triste, un recordatorio de cuánto ha cambiado en sus vidas. Las generaciones se suceden, y en familias de exiliados, estos cambios naturales anuncian el eclipse de una cultura. Como dice un amigo mío, los cubanos residentes en Estados Unidos no se están asimilando, se están muriendo. Los que quedan, él y yo entre ellos, ya somos otra cosa, querámoslo o no. Con cada exiliado anciano que muere, los más jóvenes perdemos palabras, giros, maneras de pensar y sentir y actuar que nos conectaban con Cuba. Nadie podía guiñar el ojo con más malicia que Joseíto, el primo de mi padre, y nadie como mi tío Pepe para convertir una sencilla exclamación—"¡Oye, niña!"—en todo un lírico piropo. La Nochebuena solía darnos la oportunidad de celebrar y afianzar nuestros lazos con Cuba. Al brindar con la frase, "El año que viene estamos en Cuba," consumíamos el cocktail de nostalgia y esperanza que caracterizaba la fiesta, ya que las Nochebuenas de ayer eran nuestra garantía para las Nochebuenas de mañana. Durante esas buenas noches, todo recordaba a Cuba —la gente, la comida, la música, las costumbres. Cada año escuchábamos a Olga Guillot, la cantante favorita de mi padre, interpretar la versión en español de "White Christmas." Oírle gemir, "Oh blanca Navidad, vuelve" era totalmente inverosímil, ya que nadie había experimentado una Navidad blanca en Cuba, pero para nosotros la letra aludía a nuestro regreso. Cada año bailábamos con los compases de "La Mora," un antiguo danzón cuyo estribillo—"¿Cuándo volverá, la Nochebuena, cuándo volverá?"—también estaba impregnado de significado. Pronto, creíamos entonces, muy pronto.

Con la muerte de los viejos de la familia, Cuba se nos está muriendo también. Es como mi padre con su almacén, que se le ha ido desmoronando paulatinamente, año tras año. Mientras más pasa el tiempo, más se confunde nuestra Nochebuena con la Navidad. Hace años que ningún amigo o pariente se aparece en casa de mis padres a las tantas de la noche. Si alguien lo hiciera, encontraría las luces apagadas y a la gente dormida. A medida que la celebración se centra en los nietos, la Nochebuena se va convirtiendo en la víspera de la Navidad, en *Christmas Eve* —más una anticipación del día siguiente que una fiesta autónoma. Con la incorporación de americanos a la familia, hasta el lenguaje de la fiesta se ha ido deslizando hacia el inglés, un idioma que mi madre maneja con facilidad pero que a mi padre no le gusta hablar.

Mis padres han aceptado estos cambios con una mezcla de resignación y buen humor. Aunque mi padre extraña la compañía de sus contemporáneos, se las arregla para divertirse de todas maneras. En vez de meterse con sus cuñadas, ahora se mete con sus nueras, que son todas americanas, y se divierte exhhibiendo ante ellas su destreza como bailador. No sé cómo, pero halla o inventa chistes bilingües de doble sentido para sazonar la conversación. No obstante, bebe menos que antes y se cansa o se aburre más pronto, de modo que en algún momento durante la noche se pone melancólico y entonces se sienta en su sillón y prende el televisor.

Para mi madre lo más difícil no ha sido la transculturación de la Nochebuena —después de todo, pasó parte de su niñez en Norfolk celebrando Navidad— sino la dispersión de la familia. Hasta hace poco había logrado mantenernos unidos. Tanto en Cuba como en Miami, su casa era oasis, hospital, albergue, cabaret. Allí celebrábamos los cumpleaños, los bautizos, las primeras comuniones, las graduaciones, los compromisos, las bodas. Aún en épocas difíciles mi madre llevaba esta carga con ligereza. Para ella no había ocasión que fuese demasiado insignificante, o fiesta que fuese demasiado grande. En estos quehaceres mi padre hacía de espectador. Su responsabilidad se limitaba a comprar el whisky y el hielo. Mi madre era la que preparaba la casa, la que invitaba a la gente, la que cocinaba, la que limpiaba. Ella era el hilo conductor de nuestros afectos, la que buscaba las razones o los pretextos para reunir a hijos y tíos y primos y sobrinos. Por más de treinta años el proyecto de mi madre ha sido preservar la integridad de su familia. Por lo tanto, ella se queja del destierro cuando algo le pasa a algún familiar, cuando se estropea la unidad que se ha afanado por mantener. Cuando no puede estar presente en el parto de su hija o su nuera, o cuando un hijo se divorcia y otro tiene problemas personales, o cuando el cura que dice la misa de difuntos por mi Tía Amparo ni siquiera la conoce —entonces mi madre repite su pregunta eterna: "¿Por qué nos ha tocado un exilio tan duro?" A diferencia de mi padre, ella entiende el exilio no como estrechez económica o lejanía de la patria sino como un atentado contra la familia. El destierro la afecta mucho menos que la dispersión. Según su manera de pensar, el costo humano de la Revolución ha de medirse en Nochebuenas, cuando las fisuras en la familia se revelan con la claridad de una radiografía.

Por esta razón, su adaptación al destierro fue muy distinta a la de mi padre. Para él, la intervención del almacén fue el golpe decisivo. Para mi madre, el exilio se podía sobrellevar con tal de que la familia permaneciera intacta. No creo que a mi madre le importe mucho el lugar donde vive —Estados Unidos o Cuba, Miami o Marianao, la Sagüesera o el Reparto Kohly. A pesar de la multitud de problemas diarios, creo que hubo épocas cuando ella fue feliz en Miami. Aunque se lamentaba del exilio, afirmaba que nunca más regresaría a La Habana. Siempre decía que lo que ella extrañaba no era Cuba sino Kohly, y que Kohly nunca volvería a ser el mismo. Una vez me dijo, "Acuérdate de lo que dice Scarlett O'Hara en *Gone With the Wind*. No dice que quiere regresar a Atlanta. Siempre dice, 'Quiero volver a Tara.' Kohly era mi Tara."

En Cuba la vida de mi madre había sido una sucesión de noches en el Tropicana y fines de semanas en el yate. La buena posición económica que hacía posible una cómoda casa con criados también subvencionaba un tren de vida que a menudo se le hacía insoportable. Cuando mis padres reñían, siempre era por lo mismo —él quería salir, y ella quería quedarse en su casa. En Miami todo esto cambió, pues no había dinero ni para criados ni para salidas. Al no poder pasarse las noches jugando póker o bailando en un cabaret, Gustavo se convirtió en un hombre de su casa. Si salía de noche, era para dar una vuelta con su primo Joseíto y tomar café en el Casablanca. A las once ya estaba de vuelta.

En el exilio mi padre y mi madre subsanaron heridas y redujeron desavenencias. Compartieron la penuria mucho más que habían compartido la riqueza. Cuando mi padre no está presente, le he oído a mi madre decir que el exilio le salvó su matrimonio. Cuando mi madre no está presente, le he oído a mi padre decir que el exilio le arruinó la vida. Ambos exageran, pero ninguno de los dos miente. Postrado por la pérdida del almacén, mi padre se convirtió en espectador dentro de su propia familia. Trabajaba y observaba. Mi madre se ocupaba de todo lo demás. En parte porque no tuvo otro remedio y en parte porque así lo quiso, ella era nuestro centro, sólido y seguro. Se mantenía al tanto de todo y de todos. En Cuba había sido ama de casa. En Miami trabajaba de secretaria en St. Hugh y además era chofer, hija, esposa, madre, cocinera y criada. Otra de sus frases favoritas: "¿Quién me hubiera dicho que me iba a pasar la vida sacando pelo de la bañadera?"

A medida que mi padre se fue desconectando, mi madre pasó a ocupar el vacío que él había dejado. Como le hacíamos todas las preguntas, se acostumbró a tener todas las respuestas. Algunas de sus opiniones y consejos eran sensatos, otros lo eran menos. Poco después de haber llegado nosotros a Miami, a mi padre se le presentó un empleo en la República Dominicana. Mi madre hizo que lo rechazara. ¿El motivo? "Yo no iba a criar hijos en un país donde no hay papel de aluminio." Cuando mis hermanos y yo éramos adolescentes, nos aconsejó que no nos casáramos con mujeres de la raza negra. ¿Por qué? "Porque este país no está listo para las mulatas."

En épocas de crisis, mi madre siempre sobresalió. En mi casa sucedía lo que en muchos otros hogares de exiliados, que se han mantenido a flote gracias al tesón y la paciencia de mujeres como mi madre, quienes parecen ser más resistentes que sus maridos. Mi madre nunca dejó que los contratiempos la sobrecogieran, o al menos nunca permitió que lo notáramos. Era o parecía incansable. Los accidentes, las enfermedades, la falta de recursos—nada la amedrentaba. Por años cuidó a su madre en casa, aún cuando Abuela Martínez, que además de haberse quedado ciega padecía de Alzheimer (en aquellos tiempos tenía un nombre menos científico pero más humano —"chochería"), dejó de reconocer a nadie y no sabía dónde estaba. Pero ingresar a su madre en un asilo para ancianos era impensable —eso era cosa de americanos, que son tan despegados de sus padres. Nosotros éramos distintos.

Cuando mi madre se iba a trabajar por la mañana, una señora mayor que vivía en la cuadra venía a cuidar a mi abuela. Por el mediodía regresaba para prepararle el almuerzo, tarea nada fácil ya que mi abuela tenía un tumor en el estómago del tamaño de una toronja. Después de terminar en el trabajo, mi madre se pasaba el resto de la tarde recogiendo y repartiendo hijos y sobrinos. Y cuando no estaba cocinando o lavando o limpiando o remendando pantalones o cosiéndole un vestido a mi hermana, cuidaba de su madre, quien —a causa de su senilidad— a menudo la maltrataba. Recuerdo que muchas veces mi madre tenía que limpiar mierda del piso y esquivar insultos a la vez. Pasaron años sin que pudiera ir a un cine o pasarse una tarde con una amiga. Cuando la salud de Abuela Martínez empeoró tanto que necesitaba una enfermera el día entero, mi madre por fin desistió y la puso en un asilo, pero sólo después de que su confesor le diera permiso. Entonces iba a ver a su madre todas las tardes, y regresaba a casa llorando. Todavía hoy en día se siente culpable. A mí me avergüenza decirlo, pero no sé si yo sería capaz de hacer por mi madre todo lo que ella hizo por la suya.

Tarde o temprano, el destierro golpea a todas las familias, y así le sucedió a la nuestra. Con el transcurrir del tiempo el tejido familiar se desmadejó poco a poco. Tener que cuidar a su madre era un peso, pero un peso que mi madre siempre esperó tener que cargar algún día. La muerte de los viejos era dolorosa, pero también natural. Más difícil de aceptar eran desgracias relacionadas de algún modo con el exilio. Familiares que en Cuba vivían al doblar de la esquina agonizaban en ciudades lejanas. Hermanos o primos que de niños habían sido como uña y carne apenas se hablaban. Nietos que ella quería ayudar a criar crecían lejos de sus abuelos. Mientras más pasan los años, mi madre más sola se encuentra, porque ya no tiene a quien cuidar. De acuerdo con su manera de ver la vida, una mujer nunca deja de ser madre: de joven, es madre para sus hijos; en su medianía de edad, es madre para sus hijos y sus padres; de vieja, es madre para su esposo, sus hijos y sus nietos. Al desparramar a la familia, el exilio rompió este ciclo, y mi madre ha tenido que enfrentar lo que para ella son consecuencias del exilio—la separación, la soledad, los divorcios, el conflicto familiar. Contenta por años en Miami, el exilio ha llegado a afligirla tanto como a mi padre. Ella también sabe que esas Nochebuenas de antaño ya no volverán.

Aunque no resido en Miami hace más de veinte años, he faltado sólo a una Nochebuena en casa de mis padres, y eso porque un año decidimos celebrarla todos en Carolina del Norte, un experimento que no salió bien y no volverá a repetirse. Mientras Nena y Gustavo estén vivos y dispuestos, yo seguiré celebrando Nochebuena en su casa, que es también mi casa. A pesar de que la fiesta y la gente han cambiado con los años, mucho más de lo que mis padres y yo hubiéramos querido, la Nochebuena sigue siendo para mí, si no la mejor, al menos la más solemne noche del año. Pero no me hago ilusiones. Nuestras Nochebuenas miamenses han llegado a parecerse a esos esqueléticos arbolitos de Navidad que teníamos en Cuba, con lágrimas y todo. Cuando mis padres hayan muerto, algo que espero no suceda por muchos años, no me quedará más remedio que celebrar la Nochebuena en Chapel Hill, acompañado de mi familia americana —Mary Anne, mis hijos y mis hijastros. En vez de ir a Miami, me quedaré donde estoy. Formaré parte del bando de los inmóviles, los que permanecen en su hogar. Pero me aposentaré lejos de mi casa, en un hogar fuera de lugar. Sé que en Chapel Hill mis tradiciones criollas padecerán nuevas pérdidas y atenuaciones, y que un día me encontraré en la situación de mi padre —seré el único gallo cubano en la fiesta. Y entonces tendré que aprender cómo cantan los gallos en inglés.

Siete
Hombre sin nombre

Chapel Hill, 1982

En una soleada y fría mañana de octubre, mi hermano Carlos me llama por teléfono desde Miami para decirme que tiene que abandonar la ciudad inmediatamente. No me explica por qué, pero quiere saber si puede venir a pasarse una temporada con nosotros. Le digo que sí, que mi casa es su casa, que puede estar con nosotros todo el tiempo que quiera. A la tarde siguiente se aparece en la puerta con sus posesiones más valiosas —un televisor, un aparato de estéreo con unas bocinas gigantescas y varias docenas de discos y grabaciones. Le alquilamos una cama portátil y lo alojamos en el cuarto donde está mi despacho.

Carlos se pasa las próximas semanas encerrado en ese cuartico, con el televisor o el tocadiscos puesto a todas horas. Sale de la habitación varias veces al día para comer o ir al baño, y de vez en cuando se pasa un rato jugando con mi hijo David, que tiene dieciocho meses. Para finales de noviembre, casi dos meses después, la situación sigue igual, y decido que ha llegado la hora de hablar con él.

—Tú sabes, Carlitos, que estás en tu casa y que puedes quedarte aquí todo el tiempo que quieras, pero ¿no crees que debes buscar trabajo?

—*I know, I know*—me dice. Sin entrar en detalles, añade
.abía tenido muchos problemas en Miami y que necesitaba unas semanas para reponerse. Pero ya está listo para
empezar otra vez.

Un par de semanas más tarde se coloca de vendedor en
Radio Shack. Es un buen empleo para él. A Carlos siempre le
han gustado los efectos eléctricos, y tiene don de gentes. Me
digo que ahora que tiene trabajo, podrá vivir por su cuenta,
pero transcurren varias semanas más, y Carlos no dice nada
de mudarse. Vuelvo a hablar con él.

—Mira, Carlitos, necesito mi despacho para poder trabajar, y ahora que tienes trabajo me parece que podrías buscarte
un apartamento.

No he acabado de hablar, y ya me remuerde la conciencia.
Al decirle a mi hermano que tiene que mudarse de mi casa,
siento que lo estoy traicionando. Una parte de mí estima que
no debo poner mi propia comodidad por encima de los lazos de
familia. Pero mi otro yo —*my American me*— está harto de la
falta de privacidad. Llevo dos meses sin poder escribir una
palabra, y ya es hora de que él se valga por sí mismo. Aunque
no sé exactamente qué líos Carlos tuvo en Miami, no es la
primera vez que se encuentra en un aprieto.

A mediados de enero, Carlos por fin se muda, aunque
seguimos viéndonos a menudo. Un día me presenta a su novia
nueva, una americanita de dieciséis años que trabaja en un
Burger King. Carlos ya cumplió los treinta.

En marzo mi esposa, David y yo vamos a Miami para
pasar allí las vacaciones de primavera. Antes de salir, Rosa se
pone de acuerdo con Annie, la mujer que nos limpia la casa,
para que venga a limpiar en nuestra ausencia. Pero cuando
Annie entra en nuestro hogar unos días después, se encuentra
todo revuelto. Hay platos y vasos sucios por toda la casa, el
colchón de mi cama está en el piso de la sala y las ventanas
están abiertas de par en par. Annie coge miedo y se va sin
recoger. Mientras nosotros estábamos en Miami, Carlos
decidió mudarse a casa y vivir allí durante los diez días que

nosotros íbamos a estar fuera. El único problema es que no sabía que Annie iba a venir a limpiar.

La familia es la familia pero esto le zumba al mereque-tengue, como diría mi padre. Furioso, llamo a Carlos y le pido bruscamente que me devuelva la llave de la casa. Lo hace, pero, por si acaso, cambio las cerraduras. No lo veo más, y un mes más tarde mi madre me cuenta que Carlos ha regresado a Miami y está viviendo con ellos. Me fastidia que Carlos viva con mis padres —es una receta para el abuso— pero por lo menos ya no me tengo que preocupar de que vaya a meterse en mi casa. Vuelvo a mis rutinas.

Año y medio más tarde, recibo una llamada de una tienda de muebles en Miami. La voz por el teléfono me informa que el cheque que les di no tiene fondos. Puesto que nunca he com-prado o alquilado muebles en Miami, no tengo la más mínima idea a qué se refiere esto. Apunto el número de la cuenta y al día siguiente llamo al banco. Efectivamente, hace varios meses que tengo una cuenta allí, que actualmente está sobre-girada.

Cuando la mueblería me envia una copia del contrato, compruebo que contiene la información correcta sobre mis finanzas y mi vida, con la salvedad de que la planilla señala que estoy jubilado de Duke University y ahora soy co-propie-tario de una pizzería en South Miami. Ese dato obviamente no es verdad. El buró de crédito de Chapel Hill ha recibido la misma información: yo ya no trabajo en Duke; me he mudado para Miami.

La letra chiquirritica de la planilla me es familiar en el sentido más hondo y doloroso de la palabra: es la mala letra de mi hermano Carlos, demasiado joven para haberse beneficiado de las interminables falsillas que hacíamos en Cuba para mejorar la caligrafía.

Parece increíble, pero así es. Mi hermano ha asumido mi identidad. Cuando me recupero del *shock*, me doy cuenta de que necesito protegerme. La impostura crea todo tipo de proble-mas —económicos, familiares, espirituales— pero el problema más urgente es legal: cómo probar que Carlos no es Gustavo, y que yo no soy Carlos. Resulta que Aaron Rents —la tienda de muebles— no es el único lugar donde mis cheques han "rebotado." Lo mismo ha sucedido en supermercados, boticas, lavanderías, joyerías, restaurantes y en las compañías de agua y electricidad. También me entero de que Carlos tiene una tarjeta de crédito a mi nombre, y que la cuenta arroja un balance de varios miles de dólares, que se gastó en cadenas y relojes de oro y un nuevo y caro equipo de estéreo. Como si esto fuera poco, también ha alquilado un amplio apartamento en Fontainebleau Park, reparto muy de moda entre los cubanos de Miami. El falso Gustavo vive mejor que el Gustavo de verdad.

¿Por qué está haciendo Carlos tales barbaridades? ¿Y por qué me las hace a mí, su propio hermano? ¿Se está vengando porque lo eché de mi casa? ¿O será que me tiene envidia? Si es así, sería una gran ironía, porque yo siempre lo he envidiado a él. Aunque Carlos nunca fue buen estudiante, de los tres varones fue quien salió a trabajar primero. El mundo de negocios que yo rehuía, a él siempre le gustó. Sociable como mi padre, consiguió un empleo a tiempo completo cuando todavía estaba en la escuela secundaria, y se casó poco después de graduarse de La Salle. Junto con su esposa compró un condominio en Fontainebleau Park, el mismo lugar donde ahora había alquilado un apartamento con mi nombre. Es posible que Carlos haya envidiado mis logros académicos, pero yo siempre envidié su vida, que me parecía mucho más normal que la mía.

No obstante, ahora Carlos quiere cambiar de lugar conmigo. O al menos ponerme a mí en su lugar. ¿Será porque yo soy el primogénito, el que lleva el nombre de su padre? ¿O será porque para Nena y Gustavo siempre he sido el hijo modelo, el que nunca les dio dolores de cabeza, el que había hecho carrera y el que —¡por fin!— les había dado el primer nieto? En todo caso, gracias a la impostura, ya no soy profesor en Duke; vivo en Miami y soy dueño de una pizzería, que más tarde

resulta ser un negocio para "lavar" dinero, o sea, para esconder las ganancias de la venta ilícita de drogas. Antes era profesor; ahora soy narcotraficante o "marimbero," como dicen en
Miami.

Pero ¿qué cosa soy de veras? ¿Y qué cosa es él? Carlos no
es ni por mucho el único impostor en la familia —todos somos
impostores, farsantes, camaleones que cambiamos de color
según el ambiente. Mi hermano Pepe se disfraza de socialista;
mi hermana Mari se disfraza de banquera; Carlos se disfraza
de marimbero; y yo me disfrazo de profesor. Pero mis posturas
profesorales no son más que una máscara, para mí tanto como
para Carlos. A decir verdad, soy tan poco profesor como él, y él
es tan poco marimbero como yo.

En un episodio de *Don Quijote de la Mancha* el desquicia-
do hidalgo, en el apogeo de su locura, le vocifera a Sancho,
"¡Yo sé quién soy!" ¿Puede la familia Pérez decir lo mismo? Lo
dudo. El exilio nos ha desposeído de nuestra identidad. Ni
siquiera detento mi nombre. Carlos me lo ha confiscado. A
diferencia de Don Quijote, yo *no* sé quién soy. ¡Esto no tiene
nombre!

Para mediados de julio he recibido toda la documentación
de Miami y me pongo en contacto con la policía de Coral
Gables. Le cuento mi historia al Detective Noyer, que no me
cree del todo. Me advierte que quizás no sería buena idea
aparecerme en Miami hasta que se haya resuelto todo este
embrollo. Más tarde llamo a mis padres para contarles lo que
me ha pasado. Los acuso de proteger a Carlos, de siempre
sacarlo de apuros. Ellos lo defienden. Mi madre dice que
Carlos Manuel ha tenido muchos problemas y que necesita
que lo ayuden, no que lo persigan.

Un par de días después me entero de que mi expediente
de crédito también se ha enredado con el de mi padre. Ahora
hay por lo menos tres Gustavo Pérez en Miami, aunque sólo
dos de ellos viven allí, y sólo uno de ellos soy yo y yo no vivo

allí, aunque siempre he querido hacerlo. El buró de crédito de Chapel Hill ha recibido seis o siete peticiones más de información desde Miami. Eso quiere decir que Carlos sigue usando mi nombre.

Al día siguiente llamo a mi padre y cuándo me pregunta si estoy bien le contesto, "Bien con jota."

—No es para tanto —dice.

Al oir eso, pierdo los estribos.

—¿Cómo que no es para tanto? Ese siempre ha sido el problema con nosotros, que nada es para tanto, que a ti te importa un carajo lo que nos pase. Pero a mí sí me importa. Es mi vida. Es mi nombre. Es mi dinero. ¡No me digas que no es para tanto, coño!

Es la primera vez en mi vida que le grito a mi padre.

Dos días después el Detective Noyer, quien por fin se ha convencido de que mi historia es verdadera, me llama para informarme que "Gustavo Pérez" se apareció en una agencia de alquilar automóviles para arrendar un Datsun 280-Z. El dependiente de Avis sospechó que algo raro pasaba porque su cliente no hablaba como el profesor universitario que decía que era. Noyer dice que el lunes cuando Carlos vaya a recoger el Datsun, lo piensa agarrar. La marca del carro no es casualidad sino causalidad: mi padre lleva veinte años vendiendo Datsuns. A lo mejor Carlos lo que realmente desea es convertirse en Gustavo padre. Otra casualidad causal: hoy es el 26 de julio, aniversario del ataque al cuartel Moncada, el inicio del proceso revolucionario que desembocó en nuestro destierro.

Mi tío Pedro telefonea al día siguiente para decirme que fue a ver a Carlos. Se encontraron en la piscina de su edificio de apartamentos en Fontaneibleau Park, donde Carlos estaba soleándose como el más feliz de los mortales. Pedro le dijo que si todavía le quedaba un poco de verguenza debía entregarse a la policía.

Siguiendo el consejo de Noyer, acudo a la estación de policía de Chapel Hill, donde me esperan otras sorpresas.

Resulta que Carlos se fugó de Chapel Hill después de robarle varios miles de dólares a la tienda donde trabajaba. Además, después de regresar a Miami lo habían arrestado por conducir sin licencia, pero convenció a la policía de que se llamaba Gustavo, no Carlos, y lo soltaron antes de que la policía de Chapel Hill pudiera verificar su identidad. Lo que de veras me sobrecoge, sin embargo, es que el expediente indica que Gustavo padre acudió a la estación de policía en Miami para confirmar la identidad del que decía ser su primogénito. Un Gustavo que garantiza la identidad de otro Gustavo que se llama Carlos. Tal parece que mi padre no conoce a sus propios hijos.

El comportamiento de mi padre concuerda con su filosofía —improvisar, encontrar soluciones a corto plazo y despreocuparse de lo que pueda pasar después. Con un hijo a punto de ser extraditado a North Carolina para enfrentar cargos graves, Gustavo escoge la salida más fácil —aunque esa salida lo conduzca a otro atolladero. No importa. Como dice mi madre, la cosa es ir poniendo parches, pues a la larga nos espera Cuba, que todo lo cura. No me atrevo a decirle a mi padre lo que acabo de averiguar. Sé lo que pasaría: se disculparía y se echaría a llorar, alegando que no le quedaba otro remedio.

Tal parece que después de salvarse el pellejo en la estación de policía, a Carlos se le ocurrió que podía prolongar la impostura. La primera vez que hablamos, Noyer me dijo:
—En Coconut Grove cualquiera puede conseguir una licencia de manejar por $50.

Una licencia con la fotografía del portador, pero el nombre y las señas de otra persona. Con la licencia en su poder, el impostor puede abrir una cuenta de banco, obtener tarjetas de crédito, encontrar trabajo, vender cocaína y empezar una vida nueva. Es casi como emigrar sin tener que cambiar de país.

El lunes llamo a Noyer para averiguar si ha arrestado a mi hermano.

—Está sentado aquí a mi lado —me dice—. Lo agarré esta mañana a las siete. Esperé afuera de su apartamento y lo cogí cuando salía. Hasta ahora ha cooperado con nosotros. ¿Quieres hablar con él?

—No —le contesto—.

—El dice que quiere hablar contigo.

—Dile que si quiere hablar conmigo que se hable a sí mismo.

Cuando le digo a mi madre que Carlos está en la cárcel, se pone a sollozar y deja el teléfono. Un hijo preso —eso sí que nunca hubiera pasado en Cuba. Mi padre comenta secamente que debo estar contento puesto que ya acontenció lo que yo quería.

En esta agobiante mañana de julio, me doy cuenta de que hay un abismo entre mi hermano, mis padres y yo. Mi madre siempre nos ha enseñado que la familia es lo primero, que nadie nos puede acompañar o ayudar como un hermano. Muchas veces nos ha hecho el cuento de cómo Ricardo y Octavio se salvaron la vida durante el machadato a pesar de sus discrepancias políticas. Yo no me parezco a mis tíos, pues delaté a mi hermano. El motivo no importa. Soy el malechor y Carlos es la víctima. La conciencia me muerde y remuerde. Todos esos años sometido al dulce adoctrinamiento de Nena no han sido en vano.

Esa misma tarde salimos para Miami. En el carro, estoy tan desorientado que le digo Carlos a mi hijo David. Mi madre siempre hacía lo mismo —Gustavito era Pepito era Carlitos era Gustavito. De niños podíamos contar con dos cosas: a Mami se le iban a perder las llaves y nos iba a confundir el uno con el otro.

Pasamos la noche en Brunswick, un pueblo costero en Georgia a la mitad del camino entre Chapel Hill y Miami. He estado aquí muchas veces, pero esta vez no puedo dormirme. No dejo de pensar que mientras yo yazgo en la cama de un motel en Georgia, mi hermano Carlos está en la cárcel en Miami. Que yo sepa, es la primera vez que alguien en la familia cae preso. Para mi madre, es una de esas calamidades del exilio. En Cuba no habría tenido hijos problématicos. En Cuba los hermanos no se delataban. En Cuba tenía suficiente dinero para sacar a Carlos de cualquier apuro. En Cuba, siempre en Cuba. Pero yo no estoy en Cuba. Estoy en Brunswick, y no puedo dormir.

Un par de años antes de este incidente, mi madre recibió una tarjeta de su hermano Ricardo, que vive en Nueva York. En 1959 Tío Richard cursaba el último año de Derecho en la Universidad de La Habana. La revolución interrumpió sus estudios y emigró a Nueva York. Por varios años se mantuvo en contacto con la familia, pero después de que Abuela Martínez murió no se supo más nada de él. Estuvimos diez años sin noticias. Hasta que un buen o mal día llegó la tarjeta dirigida a mi madre, donde Ricardo había escrito, en letra de molde, "BILLITA, ¿QUIÉN SOY?" Billita era el nombre de su abuela materna.

Qué número de nombres. De nombres propios e impropios. Nena y Billita. Carlos y Gustavo. Junior y Gustavito. Gus y Gustavo. Gustavo padre y Gustavo hijo. A lo largo de mi vida, he tenido diecisiete nombres o apodos distintos. El problema es que los nombres que la gente nos llama no son siempre nuestro nombre propio. Quizás deberíamos cambiar de nombre como cambiamos de ropa. Debería ser posible divorciarse de nuestro nombre por incompatibilidad, o crueldad mental, o adulterio. Sí, sobre todo adulterio. ¡Si yo llego a saber que mi nombre me iba a dejar por otro, lo hubiera desechado hace tiempo!

Igual que mi madre, convierto el episodio con mi hermano en un ejemplo de las consecuencias nefastas del exilio. Una versión cubana de la leyenda de Caín y Abel. Pero ¿cuál de los dos es Caín? ¿Carlos o yo? Delatar a mi hermano fue una decisión basada en el concepto de responsabilidad individual. Como dicen los americanos, quería asegurarme de que mi hermano se ocupara de su *business*, de sus propios asuntos. Estados Unidos es un país de individuos autónomos, no de intrincadas marañas familiares. Quizás en Cuba la familia era lo primero, pero aquí no. *Internecine* es una palabra que aprendí primero en inglés, siempre en combinación con *warfare*, guerra. Unos conocidos versos del *Martín Fierro* afirman que la unidad fraternal es "la ley primera," porque si no "nos devoran los de afuera." Pero ¿quiénes son los forasteros que están despedazando nuestra familia? ¿Quiénes son los de afuera? Nosotros mismos. Estados Unidos: hermanos divididos.

Nuestro verano en Miami termina siendo una temporada en el infierno. Mi madre apenas me habla; y mi padre anda por la casa lloriqueando. Ya que mi padre carece de valor para ver a su hijo preso, Tío Pedro acompaña a mi madre. Aunque le tengo poca lástima a Carlos, me da tristeza que su padre no pueda o no quiera ir a verlo a la cárcel que los cubanos conocen bajo el apodo de "cielito lindo." Otro nombre falso. Ni es cielo ni es lindo. Allí están las oficinas donde me hice ciudadano en 1977.

Cuando mi madre y Pedro regresan de la primera visita, hace un calor asfixiante, pero mi madre me lanza una mirada helada. Sin decir ni pío, se encierra en su cuarto y no sale hasta el día siguiente. Dice Pedro que ella se puso tan nerviosa en la cárcel que él pensó que le iba a dar otro infarto. (Tuvo el primero un mes después de ingresar a Abuela Martínez en el asilo para ancianos.) Le llevó a Carlos un crucifijo y le ha pedido al cura joven de la parroquia, que es cubano, que vaya a ver a mi hermano. Quiere que Carlos se confiese. Cuando llegamos a Miami todas las noches nos arrodillábamos delante de una imagen iluminada del Sagrado Corazón para rezar por la libertad de Cuba. Veinte años después, mi madre tiene que arrodillarse a rezar por la libertad de mi hermano.

En la cárcel mi hermano le entrega a Pedro la llave de su apartamento, y al día siguiente voy allí con mi tío. Regados por el piso hay recibos, cuentas sin pagar, cheques cancelados —todos con mi nombre. Todos firmados por Gustavo Pérez. Me resulta desconcertante comprobar que he tenido una vida doble. Mandé a lavar pantalones que nunca usé. Cociné filetes que nunca mastiqué. Aspiré cocaína y no sentí el *high*. Viví en Miami sin mudarme de Chapel Hill. Mientras reviso los bolsillos de la ropa sucia de Carlos, oigo dos voces. Una afirma, "Gustavito, ¡ésta es tu vida!" La otra pregunta, "Billita, ¿quién soy?"

Después de dos semanas en Miami, suspendemos nuestras vacaciones y regresamos a Chapel Hill, donde por lo menos no tengo que aguantar el resentimiento de mis padres. Una vez en mi casa, me sumerjo en mis libros: entierro contra destierro. Me toma meses desenredar la maraña de cuentas, deudores, cheques falsos. Tengo que ir al buró de crédito tan a menudo que las empleadas me tratan como uno de la familia. "*Goose-tai-vough*," me dicen, igual que Mrs. Myers. *Goose-tai-vough*. ¿Será ése mi nombre auténtico?

◌❀◌ ◌❀◌ ◌❀◌

Después de estar encarcelado varios meses, Carlos salió sin que su caso llegara a juicio. Con tantos crímenes graves que procesar, las cortes de Miami no tienen tiempo para un delito insignificante como el de mi hermano. Después de salir de la cárcel, se mudó para Orlando y vivió allí por un par de años antes de regresar a Miami otra vez. Desde entonces ha vivido intermitentemente con mis padres y ha tenido diversos empleos, pero ninguno por mucho tiempo. Sospecho que sus problemas no han cesado, pero como mis padres ya no me hablan de él —tal vez temen que lo delataría otra vez— no estoy seguro. Sí sé que hace un par de años mis padres hipotecaron la casa de nuevo, y si Carlos no es la razón, no me llamo Gustavo. Pase lo que pase, y me temo que seguirá pasando algo, es poco lo que puedo hacer. En más de diez años, no he hablado con mis padres ni una sola vez sobre lo sucedido. ¿Lo sucedido? A veces me parece que lo soñé todo. Se trata de una de esas pesadillas del exilio de las cuales despertaremos algún día.

He hablado con Carlos sobre lo que pasó sólo en una incongruente ocasión. Mi primer matrimonio duró quince años. Cuando me divorcié de Rosa y me casé con Mary Anne, casi toda mi familia, incluso mis padres y mi hermana, boicoteó la boda. Los que sí asistieron fueron mis dos hermanos, Pepe y Carlos. Debido a que la boda tuvo lugar un sábado por la tarde, el único juez de paz que encontramos resultó ser el Teniente Sumney, el mismo que años atrás me había contado que Carlos robó de una tienda en Chapel Hill. Sumney nos casó en la puerta de la estación de policía. Carlos fue uno de los testigos, y sin duda estaba mucho más nervioso que yo.

En la recepción en mi casa, Carlos, Pepe y yo nos emborrachamos. Después de que los pocos invitados se habían ido, nos sentamos los tres en el sofá de la sala y nos pusimos a hablar, al principio sobre nada en particular, pero finalmente sobre nosotros mismos. La conversación duró toda la noche. Nunca antes habíamos hablado así, y nunca después lo hemos vuelto a hacer. Ventilamos rencores que teníamos almacenados desde la niñez. Cada uno se sentía despreciado e incomprendido. Cada uno desconfiaba de los otros. Cada uno tenía un charco de odio en el alma. Carlos me dijo que él sabía que me había perjudicado, pero que toda su vida se sintió inferior a mí y a Pepe. De niño tuvo que soportar constantes comparaciones con sus hermanos mayores. Carlitos, ¿por qué no sacas buenas notas como tus hermanos? Carlitos, ¿por qué no piensas ir a la universidad? Carlitos, ¿por qué no te pareces más a Junior y Pepito? Para descollar y desquitarse, empezó a robar cuando estaba todavía en la escuela secundaria. Después vinieron las drogas, un matrimonio fracasado y más dificultades. Terminó en Fontaneibleau Park viviendo como alguien que no era porque ya no quería o podía ser él.

Carlos no sabía que en uno de mis libros hay un poema titulado, "A mi hermano, el impostor." Tras de echarle un vistazo, me pidió que se lo leyera, porque no entendía bien el español. Se lo leí en voz alta.

> A mi hermano, el impostor
>
> Fuiste tanto yo, que casi no me conozco.
> Fuiste el nombre y el hombre.
> Fuiste mis números, todos.
> Fuiste profesor y propietario
> (todo lo mío fue tuyo, no es un decir).
> De las confusiones onomásticas de mamá
> hiciste crisis existenciales.
>
> Por ti, mi vida fue otra.
> Por ti, me persiguen banqueros y telefonistas.
> Por ti, tiemblo ligeramente al firmar Gustavo.
>
> Con todo (y ha sido mucho)
> ¿quien soy yo para despreciarte?
> Una leve permutación genética
> y hubiéramos trocado papeles:
> yo, el impostor; tú, el impostado.
> Además —y aquí va lo importante—
> nunca fuimos tan hermanos
> tan carne de la misma carne
> como cuando tú, con un ligero temblor,
> también firmabas Gustavo.

La tranquilidad es una cosa, y la intimidad es otra. La conversación de esa noche nos asentó, pero no nos acercó. Discutimos y gritamos y lloramos hasta agotarnos, pero sin resultados duraderos. Después de desahogarnos, nos volvimos a taponar. Aunque Pepe, Carlos y yo nos llevamos un poco mejor ahora que antes, creo que nunca llegaremos a llevarnos realmente bien. Ciertamente, nunca seremos lo que fuimos en Cuba —hermanos inseparables. La verdad es que no nos gusta estar juntos. Nos causamos resquemor, incomodidad. No queremos tener que mirarnos a la cara. No queremos tener que hablar del pasado. Hemos reaccionado a la excesiva intimidad de nuestra juventud con un excesivo despego. En lugar de buscarnos, nos rehuimos. Ahora, cuando llego a Miami de vacaciones, Pepe acaba de partir. Si yo voy por Navidades, Pepe va por Thanksgiving. El pretexto útil es que la casa de mis padres es demasiado pequeña para hospedar a más de una familia, pero ésta no es la única razón. Si estoy parando con mis padres y Nena invita a Carlos a cenar, yo busco una excusa para comer fuera esa noche. Si Carlos está viviendo con mis padres, alquilo un apartamento frente a la Universidad de Miami, mis antiguos lares. Por cada encuentro imprevisto, hay varios desencuentros deliberados.

Creo que todos nos hemos percatado de que nuestra única familia posible es la que podamos fundar. Sabemos que para tener compañía tenemos que irla a buscar al futuro y no al pasado, y cada uno de nosotros lo está intentando a su manera. Mi hermana vive en Chicago con su marido y sus tres hijos. A pesar de todos sus problemas, hace unos años Carlos se ha vuelto a casar y está tratando de rehacer su vida. Pepe, que por fin se cansó de hacer la revolución, ahora trabaja para Telemundo y vive en Atlanta con su esposa y sus dos hijos. Y yo he terminado por aceptar, a regañadientes, que tengo que hacer mi vida aquí, en Chapel Hill.

La pobre Nena se sigue esforzando para reunir a sus hijos, pero sin éxito. Mientras más pasa el tiempo, menos nos vemos. Lo que el exilio ha separado ninguna madre puede volver a juntar. Dice mi madre: "Dichosamente yo no lo veré, pero va a llegar el día cuando tú y tus hermanos no se conozcan." Yo le podría contestar: Ese día ya llegó, Mami.

Tercera Parte
Vida nueva

Ocho
Vocación y equivocación

Ann Arbor-Miami, 1973-1984

En 1973, cuando me matriculé en la escuela para graduados de la Universidad de Michigan, estaba consciente de que una carrera universitaria reduciría mis oportunidades de regresar a Miami algún día, pero por esa época no me preocupaba de dónde iba a vivir. Mi lugar de residencia era el exilio, un lugar real —y portátil. Esta residencia semipermanente no iba a cambiar hasta que volviéramos a Cuba. Por lo tanto, lo que buscaba por aquel entonces era refugiarme del mundo, y creía haber encontrado asilo en la literatura. No abandoné Miami por Ann Arbor sino por la Hatcher Graduate Library, la gigantesca biblioteca de la Universidad de Michigan, donde pasé gran parte de mis días y noches durante los cinco largos y letárgicos años que me demoró obtener un doctorado en literatura comparada.

Ya que Rosa, con quien me había casado una semana antes de mudarme de Miami, también estaba sacando un doctorado en literatura, cuando no estábamos en clase o en casa, nos refugiábamos en la biblioteca. Afuera hacía frío y los cielos casi siempre estaban nublados —un marcado contraste con el clima en el cual me crié— pero dentro de la biblioteca había claridad y calor. Llegué a conocer ese inmenso edificio sin ventanas mejor que mi propio apartamento, en el cual no me sentía tan a gusto. El laberinto de pisos y entrepisos carecía de misterios; sabía dónde estaban todos los baños, todos los teléfonos, todas las máquinas de hacer fotocopias. Conocía la ruta más rápida entre dos lugares y cuáles eran los rincones donde los *undergraduates* se escondían para "matearse" (besuquearse). A menudo podía encontrar los libros sin buscarlos en el catálogo. Sin querer, me había aprendido de memoria pedazos del sistema de clasificación de la Biblioteca del Congreso.

No obstante, al continuar mis estudios en la Universidad de Michigan, no estaba alejándome del mundo sino dando los primeros pasos por un sinuoso y desconocido camino. Aunque por años no me percaté de ello, cuando abandoné Miami empecé a ser otra persona —o quizás sería más justo decir que empecé a conocer a la otra persona que ya era. Sin yo saberlo, estaba emprendiendo una prolija pero irreversible travesía. Al fin de cuentas, ni siquiera la biblioteca Hatcher fue lo que yo esperaba, una segura sucursal norteña del Centro para Refugiados Cubanos.

ᴄᴦᴐᴳᴧ ᴄᴦᴐᴳᴧ ᴄᴦᴐᴳᴧ

Para el verano de 1977, después de cuatro años de fríos y resfriados, tenía unas ganas tremendas de irme de Ann Arbor. Terminé mis cursos con buenas calificaciones y ya había publicado media docena de ensayos en revistas de mi especialidad. Como la tesis doctoral iba bastante adelantada, hice planes para buscar trabajo como profesor durante el otoño. El tema de mi tesis era la prosa de vanguardia, un manojo de novelas escritas en España e Hispanoamérica durante los años veinte y treinta. Me sucedió a mí lo que a otros doctorandos: para entrar en la cleresía profesoral tenía que escribir un libro que nadie leería sobre otros libros que nadie había leído. No es casualidad que mi novela favorita se titulara *El profesor inútil*. A pesar de la reconditez del tema —o más bien a causa de ella— estas obras me seducían. Identificándome con el profesor inútil, me complacía que los autores eran unos desconocidos, porque así podíamos entablar una relación secreta. Cada vez que sacaba de los anaqueles una novela de Benjamín Jarnés o de Jaime Torres Bodet y notaba que las páginas estaban todavía pegadas, sentía una profunda emoción. Cuando alguien se pasa la vida sacando de la biblioteca libros que nadie ha leído nunca, sucede una de dos cosas: o estás perdiendo el tiempo, o has dado con un hallazgo importante. A mí me parecía que estaba perdiendo el tiempo *y* averiguando cosas importantes a la vez.

Trabajaba en mi tesis encerrado en un *carrel* o cubículo en el cuarto piso de la biblioteca. Apretado pero acogedor, este cuartico de cinco pies cuadrados me agradaba más que ningún otro lugar, salvo la casa de mis padres en Miami. Si no era mi hogar, era mi guarida. Debajo del escritorio tenía una estufa portátil con la cual me calentaba los pies helados después de escalar montañas de nieve y vadear lagos de fango. Y sobre el escritorio tenía una banderita cubana. Lo mejor era la ubicación del *carrel* al costado de la sección PQ de la biblioteca, que alojaba los libros de literatura española e hispanoamericana, mi campo académico.

A principios de junio estaba listo para empezar a redactar la tesis. Habiendo acumulado mucho material durante los meses precedentes, ya había empezado a esbozar varios capítulos. Tenía mis apuntes en centenares de tarjetas, que guardaba en dos cajitas plásticas —mi posesión más valiosa, el almacén de mis conocimientos. Un jueves por la tarde, cuando regresaba a mi cubículo después de merendar, me encontré con que faltaban varias cosas: un libro de texto que estaba usando para aprender alemán; un diccionario alemán-inglés; una presilladora; varios lápices y plumas —y las dos cajas con mis tarjetas, la suma de seis meses de investigación y reflexión.

La puerta del *carrel* tenía una cerradura que siempre dejaba cerrada con llave, pero debido a que las divisiones entre cada cuartico no llegaban hasta el techo, era posible treparse por encima de ellas. No obstante, nunca se me había

ocurrido que a nadie le interesaran mis fichas. Cuando me vi
sin tarjetas, me "friquié" —o sea, me sobrecogió un terror
pánico. Sin tarjetas no había tesis. Sin tesis no había doctorado. Sin doctorado no había trabajo. Y sin trabajo mi incipiente
carrera universitaria sería un fracaso. Ya me sentía bastante
mal por haber optado por ser profesor en vez de comerciante.
¡Ahora ni siquiera iba a ser profesor! Sería un literato sin
aparato.

Sabía de otros estudiosos quienes habían enfrentado
obstáculos mayores que el mío. Durante la Segunda Guerra
Mundial, el gran filólogo Erich Auerbach tuvo que huir de
Alemania, dejando atrás muchos años de investigaciones.
Emigró a Turquía, donde escribió *Mímesis* —una de las obras
maestras de la crítica literaria contemporánea— casi totalmente de memoria. Pero el caso de Auerbach no me consolaba.
Yo era cubano, no alemán; vivía en Ann Arbor, no en
Estanbul; y aunque yo tambien había tenido que abandonar
mi patria, carecía de la memoria y el talento del gran erudito
alemán.

Compartía el *carrel* con una estudiante de historia, que
también almacenaba allí sus papeles y apuntes, pero a Wessie
sólo le habían robado una presilladora. Yo tenía además un
par de cajas con tarjetas en blanco, pero ésas el ladrón tampoco las había tocado. Exceptuando el libro de texto y el
diccionario, que se podían vender, ninguno de los artículos
robados valía nada. Tenían valor sólo para alguien interesado
en la novela de vanguardia —¿y a quién sino a mí le interesaba tal tema? ¿Y quién sino yo iba a poder descifrar mi letra?
¿Y quién sino yo iba a comprender la maraña de frases sueltas
y párrafos incompletos? La conclusión era insoslayable: el
ladrón me había elegido a mí —el Auerbach cubano— como
blanco de su fechoría. No era robo sino rapto. También se me
ocurrió, claro, que el robo-rapto podía ser una broma de mal
gusto de parte de alguno de mis compañeros de estudios. Que
yo supiera no tenía enemigos declarados, pero tampoco había
formado grandes amistades. Como leía mucho y salía poco, me

había granjeado la fama de arrogante. Además, mi historial personal me hacía persona *non grata* a los ojos de muchos de mis profesores y condiscípulos, que admiraban sin reservas a Fidel Castro. Claro, esos revolucionarios teóricos no habían padecido el fidelismo en carne propia; pero para ellos yo era sólo un gusano de Miami. ¡Tal vez mis tarjetas fueron confiscadas por un fidelista universitario!

Después de buscar y rebuscar en el *carrel*, llamé a mi director de tesis, el Profesor Paul Ilie, un conocido Hispanista a quien yo admiraba y temía. Usé el teléfono del cuarto piso, que estaba dentro de una vieja casilla de madera la cual me recordaba los confesonarios de mi niñez. Era la primera vez que llamaba al Profesor Ilie a su casa.

El teléfono sonó varias veces. Ilie tenía una voz honda y hueca, que no parecía proceder de su garganta. La primera vez que hablé con él, poco después de mi llegada a Ann Arbor, me aconsejó que tomara clases de dicción. Según él, esas clases lo habían ayudado mucho. Efectivamente, las clases habían borrado su acento niuyorkino, dejando en su lugar una siniestra voz de ventrílocuo. Cuando hablaba, las palabras parecían subir desde el fondo de un pozo.

—Profesor Ilie, le habla Gustavo. Siento molestarlo en su casa pero me ha pasado algo horrible. Me han robado todos los apuntes para mi tesis. Hasta las bibliografías. Ayer cuando me fui estaba todo y hoy no hay nada. Sin mis apuntes no puedo escribir la tesis. No sé qué hacer.

Generalmente la voz de Ilie me inquietaba —hablar con él era como darle la mano a un brazo postizo— pero esa tarde sus palabras me tranquilizaron. Como estaba nervioso, le hablé muy rápido y con un fuerte acento cubano, que ninguna cantidad de clases de dicción podría alterar. Él me contestó con su ecuánime voz contrahecha. Después de esperar que yo terminara de desahogarme, me dijo que hablaría con el director de la biblioteca y averiguaría qué se podía hacer. Mientras tanto, sugirió que notificara a la policía de la universidad y escribiera a los periódicos ofreciendo una recompensa por la devolución de mis tarjetas. Hice lo que me dijo, y además puse letreros por toda la biblioteca. El viernes por la mañana salió mi carta en el diario de la universidad, *The Michigan Daily* bajo el titular, *"Help!"*

El sábado y el domingo no pasó nada. Varias veces durante ese interminable fin de semana estuve a punto de hacer las maletas y regresar a Miami. Nunca me había sentido a gusto en Ann Arbor, me parecía que por ser gusano y no disimularlo todos me miraban como un bicho raro, pero ahora este pueblo universitario en el corazón de los Estados Unidos se había convertido en territorio enemigo —no sólo extraño sino amenazante. Pero en lugar de huir decidí imitar a Auerbach y reconstruir mis apuntes de memoria. El lunes me encerré en mi apartamento —ya no podía trabajar en la biblioteca— y me pasé varios días tratando de recordar datos, frases, ideas, títulos, nombres. Aunque fue un ejercicio agotador, para el viernes tenía un borrador de los dos primeros capítulos. Me empecé a sentir mejor. Era sorprendente descubrir que en realidad no necesitaba gran parte de mis apuntes. El conocimiento mata el conocimiento. A veces la mejor receta para escribir libros es dejar de leerlos.

Ese viernes, aliviado pero exhausto, acudí a mi *carrel* como todos los días, con la tenue esperanza de que mis tarjetas fueran a aparecer. Había una nota sobre el escritorio:

> Me encontré tus tarjetas y una presilladora con el nombre Norris el primero de junio. Estaban en un cartucho dentro de un carrel del tercer piso. No confío en tu promesa de no tomar represalias. Si quieres que te devuelva las tarjetas, tienes que hacer lo siguiente: 1) decirme cuánto es la recompensa y 2) cómo podemos hacer el cambio sin vernos. Deja tu respuesta en un libro en el tercer piso:
>
> Cinemania Filmic Creation
> Alfred Gordon Bennet
> 809.29   B 469 ci
>   Sandy

P.D. Sé dónde estaba tu cubículo porque trabajo aquí. Yo no me robé tus tarjetas. ¡Las encontré de casualidad! Aquí van dos. ¿Son las tuyas? Después de contestar en el libro, pon un letrero en la puerta del tercer piso que diga, Roger, estoy en el #21, Bárbara.

No sabía qué pensar de la propuesta de Sandy. La nota estaba escrita en letra de molde con un bolígrafo. La caligrafía era pobre, como si el autor o la autora hubiera estado apurado. La sintaxis torpe quizás era un indicio de autenticidad, pero no tenía idea de cómo mis tarjetas fueron a parar a un *carrel* del tercer piso. El director de la biblioteca me informó que allí no trabajaba nadie que se llamara Sandy. Decidí contestarle.

Hallé tu nota hoy viernes a las dos de la tarde. He reunido $30, y aquí van $10. Si me dejas las tarjetas en mi cubículo, te dejaré el resto del dinero dentro de este libro. Si no quieres que lo dejé aquí, dime dónde.

Gustavo

P.D. Me urge hacer esto pronto, ya que tengo que irme de viaje la semana que viene.

Después de insertar mi respuesta dentro de *Cinemania: Aspects of Filmic Creation*, una historia del cine escrita por un inglés, puse el letrero, "Roger, estoy en el #21, Bárbara." Los días siguientes fueron desesperantes. Pensé mucho en los años que mi padre había esperado infructuosamente por el almacén. En comparación con su almacén, mis tarjetas eran triviales, pero me pareció que la historia se estaba repitiendo en una escala menor. Acudí a la biblioteca numerosas veces para revisar *Cinemania*. Nada. No había respuesta. Sandy se había esfumado. Llegando a la conclusión de que me habían timado, regresé a la tarea de reconstruir la tesis de memoria. Me puse a trabajar en el tercer capítulo, el más difícil hasta ese momento, ya que requería un gran acopio de datos. Pero

esa misma tarde, en una de mis frecuentes visitas a
Cinemania, encontré la nota que esperaba:
Querido Gustavo:
$30 no es bastante. Esto representa seis meses
de trabajo para ti, etc. Dame $50 y podemos hacer el
trueque. Pon el dinero dentro del libro, $20 ahora y el
resto después o todo ahora, y te devolveré las tarjetas.
Pareces olvidar quién tiene las tarjetas. Eres tú quien
debe confiar en mí. Para demostrarte que me porto de
buena fe, te voy a dejar algunas tarjetas en un lugar
que te diré mañana. Apúrate porque yo también me
voy pronto. No te acerques a la biblioteca. Ven a las
5:00 y a las 9:00 solamente. Si me entra alguna
sospecha, echaré tus tarjetas a la basura. Ah, sí, tengo
un pedido más. Me hacen falta algunas cositas. Quiero
que me compres dos pares de blumes, un ajustador, un
camisón estilo babydoll, una caja de tampones y unas
cuantas servilletas sanitarias. Todo debe ser de calidad. Lo necesito inmediatamente. Mis medidas son
36-25-35, copa C. Las cosas no me tienen que quedar
perfectamente bien, pero me deben servir. Ponlas en
un cartucho de papel y déjamelas en la biblioteca. No
me importa cómo te las vas a arreglar para conseguir-
las, pero consíguemelas. Estas son mis últimas
demandas. Si las cumples, te devolveré todas tus tarjetas. Si no, las desecharé. Apúrate.
Sandy

P.D. Recibí tus diez pesos. Gracias. Cuando hayas
hecho lo que digo pon un letrero en el quinto piso,
igual que antes. Hallarás tus tarjetas en el mismo
lugar donde vas a depositar las cosas que te he pedido.
Así que cuando las dejes puedes recoger tus tarjetas.
Ponlo todo detrás del libro:
A.L.A. Library Education Newsletter
Lib Sci
z 668
.A54
No hay negociaciones.

¿Querido Gustavo? ¿Cómo que "Querido"? ¿Y esas medidas a quién pertenecen? ¿A Miss Cataclismo? La persona que tenía mis tarjetas, si es que ella las tenía (y si es que era "ella" y no "él"), se estaba divirtiendo conmigo. Hasta ese momento creía haberme extraviado en un cuento detectivesco de Jorge Luis Borges, pero este sesgo sexual no se parecía en nada a la obra de Borges, hacedor de laberintos sin líbido. Sandy ha trocado mi novela negra en cuento verde. No sé si me está chantajeando o cortejando.

Rosa se ofreció a comprar la ropa interior, quizás porque empezaba a ponerse celosa de Sandy, a quien yo imaginaba alta, rubia y escultural. Pero insistí en hacer la diligencia solo. Nota en mano, sintiendo furia y lujuria a la vez, me fui de compras. Por momentos, la relación con Sandy me intrigaba. Cualesquiera que hayan sido sus motivos verdaderos, Sandy me permitía entrever otras posibilidades, una vida al margen de los libros. A veces me hacía la ilusión de que sus notas de extorsión eran cartas de amor. Era la primera vez que compraba ropa interior para una mujer. No me sobrepasé, pero sí adquirí artículos de buena calidad, tal como ella me indicó. La cuenta no llegó a cuarenta dólares.

Al día siguiente, ansioso de efectuar el canje, localicé el *A.L.A. Newsletter*, un panfleto que estaba archivado en un oscuro rincón de la biblioteca. Pero en vez de devolverme las tarjetas, mi cruel señora me había dejado otra misiva:

Querido Gustavo:
He tenido que cambiar nuestros planes. Deja mis cosas en el quinto piso del nuevo edificio detrás del libro DC611 M57 A46. No intentes nada. En este momento tus tarjetas están en un latón de basura que no está en este edificio y que se va a vaciar esta noche. Si no las recojo, se van a la basura. Las recogeré después de haber recibido tu paquete. Allí dejaré un mensaje donde te indicaré donde van a estar. Pon el paquete en el quinto piso detrás del mismo libro. Te

dejaré las tarjetas en el lugar indicado. No se te ocurra
acercarte a la biblioteca hasta las 9:40.

Sandy

Me dirigí al lugar donde me había citado, en un ala remo-
ta de la biblioteca, y allí encontré una de las presilladoras,
una caja con presillas y varias docenas de tarjetas. Acatando
las instrucciones, dejé las cosas que había comprado y me fui.
Esa noche, a las 9:40, veinte minutos antes de que cerrara la
biblioteca, regresé. No había nada detrás del libro marcado
DC611 M57 A46. Busqué en todos los libros en ese pasillo —y
nada. Estaba furioso, frustrado, al borde de un ataque de
rabia y nervios. Pero al salir, vi un letrero en la puerta:
"Roger, estoy en el #28." El mismo mensaje de antes, pero con
un número distinto. ¡Una pista digna de Borges! El 28 era el
número de mi cubículo. Efectivamente, sobre el escritorio
encontré una hoja de papel con otro mensaje:

> Gustavo,
> Lo siento pero no me acuerdo dónde te dije que
> iba a dejar las tarjetas, así que las puse en el primer
> piso del ala oeste del edificio viejo detrás de este libro:
> PA6207
> A7
> 1914
> Sandy

Ya eran casi las diez y las luces de la biblioteca se empezaban a apagar. Corriendo a todo meter por pasillos desiertos
y escaleras oscurecidas, me dirigí a la sección más antigua de
la biblioteca, que alojaba los libros marcados PA. Detrás de
PA6207 hallé un cartucho de papel con otra nota más:

> Querido Gustavo:
> Tú has cumplido tu parte y yo cumpliré la
> mía. Aquí tienes todas tus tarjetas y la otra presillado-
> ra. Apuesto que estás sorprendido, ¿no? Pero todo lo
> que quería era una recompensa justa por mis esfuer-

zos. Te devolví la presilladora y las presillas por haberte portado tan bien. ¿Qué tal si me haces un favor más? Méteme esa pinga tan rica que tienes dentro de este cartucho, mastúrbate, y déjame el resultado. Cuando lo hagas, imagínate que me estoy poniendo los blumes que me compraste. Nos mantendremos en contacto. ¿Cuándo regresas? Adiós.

Sandy

P.D. Aquí te dejo un regalito para que me complazcas con más facilidad.

Dentro del cartucho estaban todas mi fichas, tal como Sandy había dicho. Mantenían el orden idiosincrático en el cual yo las había dispuesto. El regalo de Sandy era una revista llamada *Exotique*, cuya portada mostraba a una rubia con expresión feroz que vestía un corpiño de cuero y zapatos de charol con tacones de punta. La leyenda decía, "Bianca —Señora de Dolores Exquisitos." ¡Qué suerte tiene el cubano! ¡Cuántos placeres raros y cuántos dolores exquisitos! Esto sí que no hubiera pasado en Cuba.

Nunca más supe de Sandy (y no, no accedí a su último pedido), pero pensé en ella muchas veces a lo largo los años. ¿Quién era Sandy? ¿Cuáles eran sus motivos? Me acostumbré a interpretar el secuestro de mis fichas como una demostración más de que estaba fuera de lugar en la profesión que había elegido. No tenía por qué vivir tan lejos de mi familia. En vez de un ladrón de poca monta o de una bromista sádica, acaso Sandy fuera mi ángel de la guarda, que me estaba animando a que dejara la universidad y regresara a Miami. Pero había invertido demasiados años en mis estudios para dar marcha atrás. Cuando le conté al Profesor Ilie cómo había recuperado las tarjetas, me sugirió que lo escribiera en forma de un cuento y lo publicara en una revista.

—Pero ahora no —añadió en esa voz hueca que tenía—, sólo cuándo hayas terminado tu doctorado.

⚜︎⚜︎ ⚜︎⚜︎ ⚜︎⚜︎

Varios años después, ya siendo profesor en Duke University, estoy en Miami de vacaciones. Mi padre me lleva al aeropuerto. Igual que otros años, pienso asistir a la convención anual de la Modern Language Association, una organización de profesores de lengua y literatura, que siempre tiene lugar a finales de diciembre, entre Navidades y Año Nuevo. De cierto modo, mi relación con mi padre se reduce a una sucesión de vueltas en automóvil esparcidas a lo largo de cuatro décadas y dos ciudades. Casi las únicas veces que hemos estado solos él y yo ha sido en la "máquina." En Cuba, nos montábamos en el carro para ir al almacén y a los juegos de pelota en el Cerro. En Miami, íbamos a misa los domingos por la noche o a recoger a mi abuela Constantina de sus veladas de canasta. A menudo me decía, "Junior, ¿quieres dar una vuelta?" Si yo asentía, nos pasábamos una hora o dos paseando por La Pequeña Habana.

El viaje al aeropuerto no nos tomará más de un cuarto de hora, porque el domingo por la mañana hay poco tráfico. Bajando por Douglas Road en el Nissan del lote, apenas superando el límite de velocidad de 45 millas por hora, Gustavo disfruta de un tabaco matutino. Meses antes, el dueño del lote había decretado que no se podía fumar en los automóviles. La reacción de mi padre fue colgar un arbolito aromático del espejo retrovisor y comprarse un atomizador de Lysol, que esconde debajo del asiento. Tras cada viaje, no deja de rociar el interior del automóvil. Con tal de que "el americano" no se entere, todo marcha bien.

A los pocos minutos de iniciar el viaje, mi padre me dice:

—Junior, a veces la gente viene a verme al lote y me pregunta qué tú haces y la verdad es que no sé qué decirles. Les digo que eres profesor en Duke University, pero no sé bien qué quiere decir eso. ¿Qué es lo tú haces, mi hijo?

Estos viajes en automóvil me gustan porque me ofrecen la oportunidad de pasar un rato con mi padre; pero también me llenan de terror, pues le dan a él la oportunidad de hacerme las dos abrumadoras preguntas que nunca sé contestar: una es si voy a volver a Cuba; la otra es cómo me gano la vida. Hoy es domingo, día de reposo, y es demasiado temprano por la mañana para ponerme a ponderar imponderables, interrogantes que suscitan en mí toda suerte de sentimientos encontrados, *mixed feelings*. Cuando yo era joven, nadie esperaba que me dedicara a la literatura: tenedor de libros, sí; escritor de libros, no.

Y no obstante aquí estoy, en una mañana de domingo más de veinte años después de haber salido de Cuba, ganándome la vida leyendo y escribiendo libros, y esperando con ansiedad que cambie la luz en la esquina de La Ocho y Douglas Road. A veces pienso que soy profesor no por vocación sino por equivocación. Cuando estaba en la Universidad de Miami me especialicé en literatura en parte porque me gustaba escribir, en parte porque no se me ocurrió otra cosa, pero sobre todo porque no quería tener nada que ver con el mundo de mi padre. Terminé mi licenciatura durante la guerra de Vietnam, y pensé que tendría que servir en el ejército. Cuando esto no sucedió (la única vez en mi vida que he ganado una lotería), lo único que se podía hacer con un título en inglés era solicitar entrada en una escuela para graduados. Entonces vinieron los inviernos en la nieve, el rapto de mis tarjetas, el puesto en Duke. Y todo lo demás es literatura.

Pero mientras más trepaba por el escalafón académico, menos a gusto me sentía. Aunque sabía que el haber escogido esta profesión no había sido una elección libre sino una reacción refleja, tenía poco tiempo para preocuparme por ello. A veces mi padre me decía en broma que cuando se cayera Fidel y sus amigos subieran al poder (Gustavo formó parte de uno de varios gobiernos cubanos en el exilio), me iba a instalar de rector en la Universidad de La Habana. Aunque era su manera imaginaria de unir nuestros destinos, el chiste nunca me hizo gracia. En Michigan, cada vez que algún conocido decidía abandonar sus estudios y hacer otra cosa, lo envidiaba. Pero nunca contemplé seriamente hacer lo mismo, aun cuando me robaron las tarjetas. Todo lo contrario: mientras más infeliz me sentía, más duro trabajaba, más me rodeaba de libros. No sólo para que me acompañaran, sino para que no me dejaran ver todo lo que me faltaba.

Cursé mis estudios doctorales durante una época cuando en las clases avanzadas de literatura se enseñaba que el lenguaje crea la realidad. En Michigan aprendí que todas las novelas son autoconscientes y que el significado de un poema es siempre otro poema. La metáfora favorita de un antiguo profesor mío era la tira de Moebio —así era la literatura, frases que se enrozcan sobre sí mismas. En los libros de moda leí que la paternidad era una "postura discursiva" y que la muerte era un "dilema lingüístico" (el sabio que dijo esto está enterrado en Connecticut). Este concepto de la literatura —superficial y profundo a la vez— moldeó mi actitud hacia la vida. Vivía en el mundo, pero suponía que el mundo era un texto. Si Don Quijote veía ejércitos donde había rebaños de ovejas, yo veía rebaños de palabras donde había ovejas de verdad. Mi carrera era mi *curriculum*; mi vida era mi *vita*.

Mientras tanto, Gustavo sigue esperando que conteste su pregunta. Acelera, profe, acelera. Pon el cerebro en primera. O desembucho o me ahogo. ¿Qué digo? ¿Qué hago? ¿Qué le digo a mi padre que hago? Su pregunta se mece en el aire, mezclándose con el humo de su tabaco. Es una corona de sombra que me ciñe la cabeza, o una soga invisible que me aprieta el pescuezo. No le puedo responder que enseño español —sería la respuesta más sencilla— porque eso no impresiona a nadie. ¿Qué gracia tiene ser profesor de español si naciste en Cuba? Para eso no hace falta un doctorado en literatura. Esa reacción escéptica la he tenido que torear otras veces, y lo que me hace falta en este momento es una respuesta aplastante y definitiva, algo que pueda usar con sus amigos y clientes, para quienes "literato" rima no sólo con "aparato" sino con "mentecato."

—Lo que yo hago, Papi, es enseñar literatura comparada.

Esto es una verdad a medias. La mitad verdadera es que me doctoré en literatura comparada. La otra mitad es que Duke no tiene un programa de literatura comparada. Pero suena mejor que decir que enseño español.

—¿Y cómo se dice eso en inglés?

—*Comparative Literature.*

El repite las palabras lentamente, separándolas en sílabas como si fuera una frase en español. Le salen cinco sílabas por palabra: *Com-pa-ra-ti-ve-Li-te-ra-tu-re.* Atrapadas dentro de su boca, esas "tes" y "eres" inglesas suenan como un motor que no quiere arrancar. Además, el tabaco que le cuelga de los labios le perjudica la pronunciación. Tal vez se pueda hablar español con un tabaco en la boca; pero el inglés es un idioma para pipa y cigarrillos.

Mi padre repite la frase varias veces, pero sin llegar a comprender lo que quiere decir.

—¿Y cuáles literaturas son las que tú comparas?

Otra pregunta lógica, pero para mí es un acertijo más. Ahora tengo que explicarle que la literatura comparada no siempre supone la comparación de una literatura con otra. Otra vez estoy en apuros —al contrario de mi padre, que no parece tener ninguno, pues maneja más despacio que de costumbre. Sólo vamos por Bertram Yachts, donde Carlos Rego trabajó por un tiempo, que está a varias cuadras del aeropuerto. Mi desazón va en aumento. Si mi padre fuera un libro, lo cerraba de sopetón. Esa es una de las ventajas de los libros —no te sorprenden con preguntas molestas. Al principio de *Anna Karenina*, siempre se describe a una familia, y esa familia siempre es infeliz. No importa las veces que uno abra la novela, siempre brinda las mismas palabras en el mismo orden.

Ya que mi padre se cree que hablo francés y que leo alemán, podría escudarme dentras de mis lenguas y contestarle que comparo el alemán con el francés. Pero la verdad es que no hablo francés con fluidez y hace años que olvidé el poco alemán que aprendí en Michigan.

—Literatura comparada es sólo el nombre que se le da —le digo—. Lo que yo hago es dar clases de literatura.

—¿Pero tú no escribes novelas, verdad?

¡Ay! Otra estocada. Y sin darse cuenta.

—Sí, es verdad, no escribo novelas. Me dedico a enseñarles a mis estudiantes cómo leer novelas.

En seguida me doy cuenta de que he metido la pata otra vez, ya que al usar "leer" como sinónimo de "interpretar" o "apreciar," estoy usando el argot de mi profesión, que obviamente mi padre desconoce. Para Gustavo leer es lo que él hace todas las noches con el *Diario Las Américas*. No entiende por qué a estudiantes universitarios hay que enseñarles a leer.

—Quiero decir que estudiamos la estructura de las novelas y los poemas, su significado, lo que el autor quiso decir, los temas y símbolos. Trato de explicarles a mis estudiantes por qué se consideran obras de arte.

Esto también es una verdad a medias, ya que generalmente lo que pasa en mis clases es mucho más pedestre. Mi padre me escucha atentamente, me presta tanta atención como mis estudiantes, pero lo que digo lo deja en babia. No porque no es inteligente, sino porque toda esta jerigonza de críticos es totalmente ajena a su vida. Eso de temas y símbolos probablemente le suena a religión. Lo de obras de arte acaso le hace pensar en los gustos refinados de mi madre. A decir verdad, es difícil explicar qué es lo que hacemos los profesores de literatura. No escribimos novelas, ni siquiera las reseñamos. Antes solíamos escribir biografías de escritores e historias de la literatura, pero esos quehaceres ya pasaron de moda. Somos "críticos literarios." Muy bien, entonces: ¿a quién criticas?

Esta mañana de domingo, camino al aeropuerto con mi padre, cruzando calles que conozco desde hace muchos años, leyendo anuncios de estaciones de radio y carteles con bellas modelos —este domingo me critico a mí mismo por haber escogido una profesión que no puedo explicarle a mi padre. Soy un autocrítico, literato de mi propio aparato. ¿De qué me vale saber lo que hago si no puedo explicárselo a mi padre? ¿De qué me vale mantener a mi familia e impresionar a mis estudiantes? Qué alivio poder decirle: "Papi, vendo automóviles, o soy contador, o tengo un almacén de víveres."

Por fin llegamos. *Miami International Airport. Departing Flights. No stopping or standing.* Hace años Gustavo parqueaba en el garage y me acompañaba hasta la terminal, pero últimamente prefiere dejarme y seguir. Yo lo prefiero así también, porque entonces no se pone tan sentimental. Voy a estar de viaje sólo por tres días, y además voy a un lugar que él conoce bien, Nueva York, donde pasó su luna de miel con mi madre, donde fuimos de vacaciones cuando yo tenía nueve años, y donde vive su hermana Cuca. Pero se entristece como si mi destino fuera el lugar más recóndito del mundo. La verdad es que a mí también me parece que me voy muy lejos. Como a mi padre, no me gusta viajar. Algunos responden al exilio con el nomadismo; otros —como mi padre y yo— con la inmovilidad.

Después de ayudarme a sacar las maletas del carro, me recuerda que debo llamar a mi madre cuando llegue al hotel. Asegurándole que lo haré, le doy un beso. El me abraza con los ojos aguados.

La convención es lo de siempre: demasiados profesores con demasiados trajes baratos que pierden demasiado tiempo tratando de descifrar los nombres en las solapas de los demás.

En el vuelo de vuelta a Miami, me alegro de haber cumplido con mi obligación, así añadiéndole otro renglón a mi *vita*, que cada día es menos *brevis*. Cuando me bajo del avión llamo por teléfono a mi padre, que se ha pasado la noche esperando mi llamada. Recogerme del aeropuerto es el suceso principal de su día, y cuando termino de buscar mis maletas ya está afuera, parado al lado del Nissan del lote, haciéndome señas, con el eterno tabaco en la boca. Al acercarme, se me ocurre que quizás en el carro tenga que explicarle qué es lo que hice por tres días en Nueva York. No sabría qué decirle. A pesar de que me gano la vida dando explicaciones, ante mi padre todas mis explicaciones suenan a disculpas.

Porque al fin y al cabo ¿qué le puedo decir? Yo me fui de Miami, y él se quedó. Yo decidí convertirme en profesor, y él nunca dejó de ser almacenista. Hasta cierto punto me arrepiento de mis decisiones, pero no creo que las cambiaría. Literato también rima con "desacato."

Nueve
Historia de un amor

Duke University, durante los últimos quince años

Enseñar es querer sin querer. Al principio de cada semestre, en septiembre o en enero, entro en mis clases y me enamoro otra vez. Si tengo suerte, los estudiantes corresponden a mi amor. Desempeño mi tarea cuando consigo que ellos sientan por mí lo que yo siento por ellos. No hay aprendizaje sin pasión, ni sabiduría sin fantasía. Para que mis estudiantes se entusiasmen con la materia del curso, tienen que apasionarse por mí. En un sentido profundo, yo soy el curso. No importa si estamos estudiando el *Quijote* o las novelas de Galdós o la poesía de Martí. Sirvo de vocero de las ideas y los sentimientos de los autores que leemos. Si cumplo cabalmente con mis obligaciones, logro que Cervantes o Galdós o Martí se comuniquen con mi clase como si estuvieran presentes. Soy médium y ventrílocuo.

Años después, cuando mis estudiantes recuerden los libros que estudiaron en la universidad, no podrán separarlos del profesor en cuya clase los leyeron. Recordarán el *Quijote* como una colaboración de Miguel de Cervantes y Pérez Firmat. Sé que es así porque lo mismo me ha pasado a mí. No puedo hojear *Emma*, la gran novela de Jane Austen, sin pensar en el Profesor Newman, en cuya clase la leí por primera vez. La tapa verde, la tipografía, la trama y los personajes —todo está empapado de su personalidad, como si la novela no pudiera existir sin él. Esta impresión no se puede reducir a una serie de afirmaciones sobre la obra, ni tampoco es algo que me cohíbe. El fantasma del Profesor Newman no me inquieta, no constriñe mi interpretación del texto. Su presencia es cordial, como si fuera un personaje más, o quizás como si fuera un anfitrión generoso que me abre las puertas de su casa.

Igual que otras pasiones, la enseñanza tiene sus cadencias y candencias, sus buenos y malos humores, sus días de sol y de sombra, su lenguaje secreto. Si hay amor a primera vista, desde la clase inicial siento algo. Entro en la clase, hago un par de chistes para romper el hielo, les pido que escriban sus nombres en tarjetas, explico quién soy y cómo es el curso, añado un par de boberías más —y ya los tengo conquistados. Nadie se hace rogar porque todos quieren complacer. Yo quiero caerles bien a ellos y ellos quieren caerme bien a mí. Al concluir la primera clase, los tengo convencidos de que el mío será un curso excepcional, el mejor que hayan tomado en Duke. Aunque bien sé —¡ay!— que no es verdad, cierta parte de mí también se lo cree. Cuando salgo del aula ese primer día, me siento feliz, me siento entero. Como el capitán de un buque, siempre soy el último en abandonar el aula, pero este buque no se va a pique —todo lo contrario: acaba de zarpar. Durante esos momentos, ya el exilio no me apesadumbra. Ya no me obsesiona Cuba o Fidel. Me parece que, a pesar de todo, no ha sido mala idea hacerme profesor, pues más vale una clase llena de caras jóvenes que un almacén atestado de sacos de arroz. Al salir, pienso en todas las ideas y ocurrencias con las cuales voy a enamorarlos a lo largo de los próximos tres o cuatro meses. Pienso en la familiaridad que voy a entablar con ellos. Pienso que la docencia no es exilio sino auxilio, no es alejamiento sino regreso, y que mi clase es mi país: tierra firme, no tierra incógnita —¡tierra Firmat!

Pero el peligro de los amores a primera vista es su fugacidad. Las pasiones que se encienden de pronto se apagan de repente. Les temo a estos amores abruptos porque he comprobado que si los estudiantes me quieren desde el primer día, es probable que se aburran de mí antes del fin del curso. Hace años no podía comprender por qué una clase que había empezado tan bien terminaba tan mal. Pero hasta los profesores a veces aprendemos de la experiencia, y ahora ya sé a qué atenerme. Cuando una clase me quiere mucho muy pronto, sé que no puedo contar con un afecto que se rindió tan fácilmente. En esas ocasiones, intento moderar el embullo de mis estudiantes disimulando el mío. Trato de que me gusten menos. Pretendo no notar lo mucho que les gusto. Coqueteo, pero no me entrego. Enseño, pero no me dejo ver. No obstante, aun en el mejor de los casos, es difícil alterar los derroteros del amor. El hecho de que te quisieron desde el primer día fija la trayectoria del curso, y a veces no queda más remedio que aceptar que para octubre el romance ha terminado. Entonces la clase y yo somos como un pareja atrapada en un matrimonio infeliz. Permanecemos juntos porque no hay alternativa, porque es nuestra obligación, porque sería irresponsable separarnos tan pronto. Los libros en la lista de lecturas son nuestra prole, y no los podemos abandonar. De modo que avanzamos trabajosamente semana tras semana, de vez en cuando volviendo a prender la chispa original, pero sin poder mantener la llama. Cuando termina la última clase siento un gran alivio, y me desaparezco lo antes posible.

Las clases que funcionan mejor son aquéllas donde el interés va creciendo poquito a poco. Al principio, no hay casi nada —sólo una cierta curiosidad de ambas partes. Pero a medida que el semestre avanza, noto que los estudiantes se están prendando de mí, y yo de ellos. Como no son ningunos tontos, ellos también se dan cuenta (pero nadie dice nada). La única manera de describir esta sensación es acudiendo al vocabulario del amor: me estoy enamorando. Los días de clase —lunes, miércoles, y viernes— me despierto contento porque

los voy a ver. Los días que no hay clase, los extraño. Durante
la clase, si todo va bien, estoy en la gloria. Discutir los libros
del curso con ellos es cómo bailar con una buena compañera:
yo los llevo, ellos me siguen. Anticipando cada paso, presin-
tiendo el próximo movimiento, me deslizo por el salón —a
veces con rapidez, otra veces suavecito. El aula se ha convertido en mi pista de baile, y la recorro toda. Escribo en la
pizarra, me apoyo en el atril, me paro al lado de las ventanas,
me paseo entre las filas de pupitres. Ellos me siguen paso a
paso. También sé, sin embargo, que el ambiente que se
estableció en una sesión no durará hasta la próxima. Cada día
hay que empezar de nuevo, sacarlos a bailar otra vez. Pero ése
es el desafío: alimentar su curiosidad, guiarlos de sesión a
sesión, enseñarles los pasos, hacer que te necesiten tanto que
para el final del semestre no puedan vivir sin ti. Quiero que
cuando termine la última clase ellos se sientan tan acongoja-
dos como yo.

Debo ser sincero: cuando enseño no sólo siento afecto por
la clase en general, sino por ciertos estudiantes. Los amores
colectivos e individuales se complementan. Ya sé que esta confesión parecerá escandalosa —y estoy seguro que mis colegas
negarían que a ellos y ellas también les pasa— pero yo me
enamoro de estudiantes prácticamente todos los semestres.
Casi lo hago a propósito, para entusiasmarme con el curso.
Como enseño idiomas y literatura, en mis cursos hay muchas
más mujeres que hombres. A través de los años, me he enamorado de muchísimas de ellas. Ellas no lo han sabido, aunque
algunas lo habrán sospechado. Mis clases más logradas,
aquéllas donde mis estudiantes más han aprendido, son las
clases con estudiantes que amo. El estar enamorado me hace
más inteligente, me da fluidez al hablar, me mejora la memoria. Miro a Suzanne, y se me ocurren cosas. Le echo el ojo a
Karen, y se me suelta la lengua. Robin me habla, y atiendo a
lo que me dice. Sí, el amor hasta agudiza mi oído. Cuando
estoy con estudiantes que me son indiferentes, sólo tiendo a
escucharme a mí mismo. A todo buen profesor le gusta oírse

hablar, le complace el sonido de su voz, le da placer articular sílabas y palabras. Pero el peligro es atender tanto a la voz propia que se dejan de oír otras voces. A mí esto me sucede en un aula sin amor. Cuando los estudiantes no me importan, dicto las mismas conferencias que en otras clases, pero lo hago mecánicamente, motivado por hábito en vez de pasión. Pienso en lo que digo, pero no lo siento. Si no estoy enamorado, no me puedo concentrar. Como los poetas antiguos, requiero musas que me inspiren. Pocas cosas me dan más alegría y satisfacción que hablar de literatura en un aula llena de chicas bonitas. Al igual que bailar, es otra manera de hacer el amor —un amor con recompensas pero sin riesgos.

Claro está, estos amores no llegan a nada. Sus manifestaciones externas se limitan a un abrazo o un beso en la mejilla el último día de clase. Lo que yo siento por ellas es una mezcla de afecto paternal y *crush* adolescente. Aunque las estimo como estudiantes, comprendo que si no me gustaran como mujeres, las apreciaría menos. La conciencia de esto no me da miedo ni verguenza. Todo lo contrario: le saco provecho. Si necesito una musa veinteañera para decir cosas interesantes sobre el *Quijote*, pues me la consigo. Si para ser buen profesor tengo que estar enomorado, pues me enamoro. (¿Amor? ¿Capricho? ¿Chifladura? Uso la palabra "amor" y me pregunto si es el término correcto para designar lo que siento. Sé que experimento las mismas emociones que los enamorados —el entusiasmo, la curiosidad, los altibajos. Como me sucede con otras personas a quienes he querido, trato de aprenderme de memoria a las estudiantes de quienes estoy enamorado. Grabo en mi mente sus gestos, sus idiosincracias, cómo visten, cómo hablan, cómo doblan las piernas, de dónde son. Cada detalle es una revelación, cada detalle me allega más a ellas. ¿Es esto amor? No sabría qué otra cosa llamarlo.)

Cuando llegan las últimas semanas del curso, nuestro romance se tiñe de urgencia, como si estuviéramos atrapados dentro de un "CD" de Luis Miguel. Las intercambios de ideas adquieren más vigor y vehemencia. Los saludos y despedidas se hacen torpes. Como amantes que se ven por última vez, tratamos de condensar años en horas. La semana final es siempre la más intensa —clímax tanto como catástrofe. Para entonces nuestra relación ha madurado. Somos como una pareja que ha pasado más allá de los tanteos iniciales. Sabemos lo que nos gusta y lo que no, lo que nos entusiasma y lo que nos desanima. Nos hemos inventado un lenguaje, frases y bromas comprendidas por nadie más. Yo me he convertido en un profesor que no tiene que completar sus oraciones; ellos se han convertido en estudiantes que no sienten temor de completar las suyas. Todo esto es maravilloso, quisiéramos que durara una eternidad, pero nos damos cuenta de que nuestro amor está a punto de terminar. No queremos aceptarlo, pero sabemos que es inevitable. A veces postegamos el final con una fiesta o una clase más. Pero después de habernos reunido por última vez, me pongo a deambular tristemente por la universidad con la esperanza de compartir unos minutos más de conversación y cariño. A veces los estudiantes toman otra clase conmigo, y en ese caso el romance puede continuar unos meses más —o quizás no, ya que la dinámica de la clase nueva será distinta. Pero tarde o temprano, me abandonan.

Cuando estoy bromeando con algunos de mis amigotes cubanos, a veces me jacto de que nunca he sido abandonado por una mujer. Pero es una fatuidad, un alarde absurdo en más de un sentido, pues la verdad es que he sido abandonado por muchísimas. De hecho, me sucede todos los semestres. Es más, si he cumplido mi misión docente, si he querido bien a mis estudiantes, si he sido realmente un maestro potente y competente, les habré enseñado a abandonarme. Como todo profesor que logra su cometido, mi destino es caer en desuso: Pérez-seré. Los mejores maestros empiezan como guías indispensables y terminan como profesores inútiles.

Para mí, los enamoramientos más difíciles de superar son los de primavera. Las clases de otoño tienen un aire de melancolía que armoniza con la temporada. Las doy por la tarde, para que el ambiente de la clase esté a tono con la estación. El otoño es gris, crepuscular —como nuestros amores desventurados. Las hojas caen, los días se abrevian, el semestre termina, los estudiantes se van. Y entonces viene la Nochebuena en Miami, que me arranca la melancolía, o que pone otro tipo de melancolía en su lugar. No sucede así durante el semestre primaveral, pues empieza en pleno invierno y termina con los árboles y las jóvenes en flor. En la vida y en las aulas, ajustarse a la primavera siempre cuesta más trabajo. Al principio, las temperaturas cálidas hacen vibrar a los estudiantes, siempre y cuando la materia del curso no palidezca frente a las azaleas y los rododendros. Pero tras unas semanas de sandalias y bermudas, cuando se avecina el fin de curso, se hace difícil encontrarle una conclusión satisfactoria a nuestro romance. ¿Quién quiere llorar en mayo? ¿Quién quiere penar cuando los lengendarios jardines de Duke están rebozantes de color? El tiempo de nuestro amor no coincide con la temporada del año. Queremos desplazarnos a ritmo de bolero y hasta los pájaros están trinando mambo.

Después de los cursos de primavera, siempre me parece que el semestre ha terminado demasiado pronto o demasiado tarde. Quisiera que concluyese en febrero, el mes más breve, el mes de los finales prematuros. O si no, quisiera que lo dejaran correr hasta el verano, cuando ya me haya agotado de tanto amar. A pesar de que los semestres primaverales marcan la clausura de año escolar, para mí carecen de término. Cuando llega la primera semana de mayo, siento que hay una puerta abierta en mi vida que no he podido cerrar. Veo que mis estudiantes se van a la playa o regresan a sus hogares en Chicago o Long Island, y yo me quedo rezagado, anticipando con desgano tres meses de lecturas solitarias en la biblioteca vacía. Los libros me acompañan, pero no tanto como mis estudiantes. Los libros pueden ser objeto de mi curiosidad, pero no de mi cariño. Malditos sean todos esos burócratas universitarios que programan el calendario académico. Esos tipos no saben nada del profundo nexo entre los libros y la líbido.

Nunca han gozado la felicidad de entrar en una clase y notar que alguien te sonríe con afecto. Nunca han padecido la frustración de ver su *cogito* interrumpido. ¿Cómo se atreven a dejarme solo en plena primavera?

A medida que van pasando los años, mi propensidad a enamorarme de mis estudiantes no mengua. Llevo quince años de profesor en Duke, y me enamoro ahora con igual facilidad que cuando era joven. La única diferencia es que hoy en día entiendo el proceso un poco mejor, y mi crónico mal de amores ni me abochorna ni me alarma. Hace años solía sentirme culpable, o me preocupaba de que nunca superaría mis enamoramientos. Pero mis clases me han enseñado que no es así. Siempre habrá otra Marjorie y otra Heidi y otra Suzanne. No las olvidaré, pero las remplazaré, pues no soy menos caprichoso que ellas. Como decía mi abuela Constantina, siempre he sido un poco veleta. Es más: ahora que tengo edad suficiente para ser el padre de mis estudiantes, es más fácil enamorarse. La diferencia en nuestras edades ayuda a evitar cualquier posible malentendido. Igual que Don Quijote con Dulcinea, nuestros amores siempre serán platónicos. Puesto que ellas también se dan cuenta, no se sienten cohibidas conmigo. Mientras más viejo me pongo, más nos podemos amar, y cuando sea viejo de verdad, cuando tenga la edad de sus abuelos, nos podremos querer sin reserva. Entonces, al igual que mi padre, disfrutaré plenamente del papel de viejo verde y hombre maduro. Seré sabio con sabor, un tupido Cupido cubano. Mis flechas de amor tendrán el dulzor de la guayaba. Mis perlas de sabiduría entrañarán virtudes afrodisíacas. Les confesaré mi amor, ¡y nadie me pondrá un *suit*!

No soy un profeta fuera de su patria, pero hay algo de lo cual este profesor inútil no tiene duda: el día que ya no me enamore de mis estudiantes, ése será el día en que dejaré de enseñar.

Diez
La otra familia Pérez

Chapel Hill, 1993

Hoy es el día de los padres. Mi hijo está en un campamento de verano y mi hija está en la casa de su mamá. Hace unos
días David cumplió doce años, lo cual quiere decir que ya es
mayor de lo que yo era cuando llegué de Cuba. Unas semanas
antes, Miriam cumplió nueve. Según el acuerdo con su madre,
celebran sus cumpleaños pares conmigo y los impares con ella,
de modo que este año la fiesta de cumpleaños de David tuvo
lugar en mi casa, mientras que la de Miriam fue en casa de
Rosa. Si seguimos con el mismo sistema, Miriam celebrará los
quince con su mamá cubana, y los *Sweet Sixteen* con su *stepmother* norteamericana.

Para los exiliados, como para sus hijos, lo personal y lo
cultural forman un apretado nudo. Casi todas las decisiones
importantes de mi vida —decisiones sobre profesión, matrimonio, lugar de residencia— han tenido ramificaciones culturales. Cuando decidí sacar una licenciatura en literatura, opté
por una carrera que me distanciaría de mi idioma materno.
Cuando me fui de Miami para asistir a la Universidad de
Michigan, abandoné La Pequeña Habana. Cuando formé un
hogar con Mary Anne, me alejé de ciertas costumbres y tradiciones cubanas.

Asimismo, en las vidas de mis hijos lo personal y lo cultural también se enredan, y no porque ellos así lo hayan querido. Si viviéramos en Miami, se estarían criando entre cubanos; si yo siguiera casado con su madre, hablaríamos español en casa, verían a sus parientes cubanos más a menudo y tendrían más contacto con otros hispanos. Aunque David y Miriam dieron sus primeros pasos por el camino de la asimilación mucho antes de que Mary Anne se convirtiera en su madrastra, durante la mitad de cada semana que ellos se pasan en mi casa, viven casi exclusivamente en inglés. Al vivir en dos hogares, han tenido que vivir con dos culturas.

Todo hijo de exiliados o inmigrantes inicia su vida en el regazo de otra cultura. No importa si nace en el hospital más yanki de la ciudad más gringa —cuando llega al mundo, el recién nacido es idéntico a cómo hubiera sido de haber llegado al mundo en la patria de sus padres. Miriam y David nacieron cubanos, y durante sus primeros meses permanecieron envueltos en la cultura de sus padres. Las voces, las caras, la manera en que se les mecía y arrullaba —todo se remontaba a Cuba. Y no obstante, ya en ese momento ellos habían emprendido una travesía que los alejaría de la patria, la cultura y el idioma de sus padres.

Hace años me angustiaba pensar que mis hijos se criaran como norteamericanos. El cubano dentro de mí buscaba lo cubano dentro de ellos. Necesitaba que ellos se me parecieran. Quería que vieran árboles donde los demás ven *trees*, que se movieran al compás de las claves. Hasta logré convencerme de que, después de tener hijos, me sentiría más cubano que antes, pues ahora tendría que esforzarme por permanecer fiel a las costumbres de mi patria. No importaba que vivíamos en Chapel Hill, un pueblo con una población hispana insignificante. No importaba que desde pequeños David y Miriam empezaron a decirme "Pop" en lugar de Papi, o que a cada rato su madre y yo nos sorprendíamos hablando inglés entre nosotros. Y no importaba, claro, que desde el momento que se matricularon en la escuela, todo pasaba en inglés. Como yo era exiliado, ellos tenían que serlo también. En vez de ver en mis hijos puentes hacia el futuro, los veía como anclas en el pasado.

Tal vez esta manera de pensar parezca un tanto descarriada, pero es bastante típica de muchísimos exiliados cubanos. Para nosotros, el exilio ha dejado de ser una categoría política para convertirse en un legado espiritual. Ya no es una contingencia sino una condición del alma, parte de nuestra manera de ser. El exilio es una herencia, como el color del cabello o los títulos nobiliarios. No nacemos en el exilio, nacemos al exilio. A mí me resulta mucho más natural decir, "Soy exiliado," que decir, "Estoy exiliado," pues para mí el exilio es un destino, una forma de vida, y no una circunstancia pasajera. Es cuestión de esencia y no de residencia.

A tres generaciones de exiliados cubanos ya les ha pasado lo mismo. Sin embargo, si se habla con precisión, una persona no puede ser a la vez exiliado e hijo de exiliados. Igual que la hija de inmigrantes ya no es inmigrante, lo mismo debería suceder con nosotros. La abreviatura para los cubanos de la segunda generación, ABC —*American Born Cubans*— entraña una patente paradoja. ¿Cómo es posible ser cubano si se nace en Estados Unidos? Pero yo conozco a jóvenes que nacieron en Miami, que hablan inglés mejor que español, que le ponen a sus hijos nombres americanos —Brittany y Jessica y Christopher— y que sin embargo se consideran exiliados. A veces se me ocurre que vivir así es admirable, que entraña un tipo de heroísmo, y otras veces me parece que es completamente disparatado.

Una vez vino a verme a mi despacho en Duke un muchacho de aspecto latino. Tenía puesto el uniforme de rigor para los estudiantes de Duke —camiseta Polo, zapatos de tennis nuevos con los cordones desabrochados, y una gorra de pelota al revés. Después de presentarse, me informó —en inglés— que él era un exiliado cubano como yo. Sin embargo, este muchacho estaba exiliado de una tierra que nunca había visto, ya que José Luis no nació en Cuba sino en Coral Gables. No obstante, su origen norteamericano no le impidió decirme que cuando se cayera Fidel, él pensaba "regresar" a Cuba. Sí, regresar: José Luis piensa regresar a un país que nunca ha visto. Para él, como para mí, el exilio es una seña de identidad. El no está exiliado, mas es exiliado.

Cuando mis hijos eran pequeños, yo anhelaba que fueran ABCés igual que Joe (el apodo que José Luis usa con sus amigos). Pero como nosotros vivíamos en Chapel Hill y no en Coral Gables, para criarlos como cubanos tenía que encerrarlos en un mundo artificial. Por lo tanto, intenté hacer en mi casa de Chapel Hill lo que los cubanos hicieron en La Pequeña Habana. Aunque residiéramos en Carolina del Norte, íbamos a "vivir" en Miami, porque allí era a donde nosotros realmente pertenecíamos. Por esa época, si alguien entraba en mi casa lo primero que veía era una fila de pósters con motivos cubanos. El más grande exhibía un a fotografía del interior de una mansión colonial habanera, lo cual creaba la impresión de que estabas dentro de esa casa y no en la mía. Otro póster tenía un retrato de los tinajones típicos de Camagüey. Otro representaba la calle Obispo, en La Habana Vieja. Por supuesto, nada de eso guardaba relación alguna con el lugar y la casa donde vivíamos. A través de mi ventana no se veían palmas sino pinos; la calle estaba cubierta de piedrecitas y no de adoquines; y en vez de tinajones atestados de mar pacífico, en el jardín había arbustos de azaleas. Pero yo quería que mi casa fuese un pedacito de Cuba —o de Miami— en Chapel Hill. Cubanicé hasta el nombre del pueblo, al que le decía "La Loma de Chaple," una barriada en la Víbora donde había vivido parte de mi familia. Mi casa era una esquinita habanera, un museo de cubanidad, un invernadero para habaneros transplantados.

Nuestro estilo de vida sincronizaba con el decorado. El estéreo siempre tocaba música cubana, generalmente composiciones de músicos de Miami como Willie Chirino, Hansel y Raúl y Gloria Estefan. La despensa estaba abastecida de botellas de mojo criollo, latas de frijoles negros y de fabada y caldo gallego, y Café Bustelo. En el bar tenía ron Bacardí y Anís del Mono. Todas las noches después de la comida me sentaba en mi sillón favorito para fumarme un tabaco. Cuba era como el humo de mis tabacos —éterea pero ubicua. Durante nuestros viajes a Miami, grababa hora tras hora de programación radial en español, que entonces escuchaba mientras hacía diligencias en Chapel Hill. Durante los tres o cuatro primeros años de sus vidas, David y Miriam escucharon y hablaron sólo español. Cuando Rosa y yo salíamos, conseguíamos niñeras hispanas o hispanohablantes. Como resultado, las primeras palabras de mis hijos —mami, papi, galletica, agua, abuela— fueron las mismas que las mías. Escuchando las "lecciones de idioma cubano" de Álvarez Guedes, David hasta aprendió a maldecir en español. Imagínense a un travieso niño de dos años corriendo por toda la casa gritando, "¡ñó! ¡ñó! ¡ñó!" A su abuela esto no le hacía mucha gracia, pero a mí y a su madre nos llenaba de orgullo.

Rosa y yo nos habíamos mudado para esta cabaña encantada en junio del 1981, a las dos semanas de haber nacido David. Lo último que hice antes de abandonar el apartamento donde habíamos vivido por varios años fue quitar mi nombre de la puerta de entrada. Al hacerlo, vi que alguien había escrito al dorso de la tarjeta, *Go home, spic*. Cuando la leí, pensé: "¿Cómo que me vaya para mi casa? Coño, *ésta* es mi casa." Pero a la vez reconocí que mi agresor anónimo tenía razón: ése era mi apartamento, pero no era mi casa, mi hogar, *my home*. La verdad es que alguien que se llama Gustavo Pérez Firmat, y que acababa de tener un hijo a quien le había puesto David José Pérez, no podía sentirse en casa en Chapel Hill. Los nombres no pegaban con la geografía. De haber podido, hubiera hecho exactamente lo que la frase ordenaba —regresar a mi casa.

Un par de años después de haberme mudado de Miami, empecé a padecer de mareos que continuaron hasta bien entrada mi carrera de profesor. A veces me daban breves accesos de vértigo y perdía el equilibrio. En otras ocasiones sentía una difusa desorientación que duraba días o semanas. Me sometí a todo tipo de pruebas, según las cuales tenía una lesión de origen incierto en el oído interno. Cada especialista tenía una interpretación distinta: el neurólogo opinaba que podía ser un tumor; el alergista apostaba por las alergias; el otólogo aventuraba que tal vez padeciera del síndrome de Ménière. Mi médico cubano, el doctor López Gómez, me dijo que yo no tenía nada, pero que lo que *no* tenía no se podía curar. Me recetó valium y me dijo que dejara de consultar a especialistas.

La dudosa diagnosis definitiva fue "vértigo posicional bilateral de etiología desconocida." O sea, tenía algo, pero no sabían qué. Yo he llegado a pensar que mis mareos se originaban en factores culturales y no fisiológicos. Padecía de vértigo geográfico, de mareos ocasionados por el contacto con paisajes extraños. Más que desorientación, era despiste. No hay que olvidar que el exilio es también un malestar causado por el desplazamiento, un tipo de conmoción, lo que en inglés se llamaría *motion sickness*. Cuando me daban los mareos, me parecía que la tierra se movía y que no había lugar donde podía pisar con seguridad. Al mirarme en el espejo mi imagen rielaba, como si estuviera observando mi reflejo en el mar. Para evitar esta sensación, trataba de mantenerme perfectamente inmóvil. Por las noches me acostaba de espalda con los brazos cruzados sobre el estómago, como un cadáver, e intentaba permanecer así toda la noche. La inmovilidad me estabilizaba. Sin movimiento no hay conmoción. Sin meneos no hay mareos. Creo que el sabio doctor López Gómez había acertado: la enfermedad que yo *no* tenía *no* se podía curar.

Aunque no me diera cuenta en aquel momento, el problema no era el laberinto dentro de mi oído interno, sino el hecho de que yo percibía a los Estados Unidos como un laberinto. Después de pasar tantos años en el mundo cerrado de La Pequeña Habana, no estaba preparado para vivir lejos de mi casa. Cuando me mudé para Michigan, me pareció que entraba en un mundo misterioso y hostil, un espacio de peligro y no de posibilidad. Salir de Miami era más riesgo que aventura. Al viajar de ida y vuelta entre Miami y Ann Arbor, estábamos atrevesando tierras desconocidas y siniestras. Pasábamos la noche en Tennessee o Alabama, y para mí era como si estuviéramos en el fin del mundo. Anhelaba la inmovilidad, un estado de quietismo tántrico que solamente podía hallar en la Nirvana de La Pequeña Habana. Cuando volvía allí, volvía en mí. Cesaba el vértigo.

Durante los años setenta y ochenta íbamos a Miami con tanta frecuencia que mi mamá solía decir que todo lo que hacía era saludarnos o despedirse. Tres o cuatro o cinco veces al año, viajábamos a Miami, pero nuestros viajes no eran vacaciones, aunque ocurrían durante los períodos destinados a las vacaciones—Navidades, Semana Santa, el verano. En su sentido literal, una vacación es un vaciamiento; nosotros íbamos a Miami para llenarnos, para saturarnos de cubanía y cubaneo. Si íbamos a permanecer por varias semanas, nos hospedábamos en el apartamento de arriba, el que había sido de Constantina. Aunque ella murió varios años antes de que nacieran mis hijos (siempre me he preguntado qué hubiera pensado de mis dos cubanitos *rednecks*), el apartamento preservaba muchos de sus trastes —la hornilla donde freía los huevos en agua, el cacharro donde guardaba el escabeche, la mecedora plegable donde yo le ponía las goticas para los ojos. Cada vez que llegaba a Miami y me arrellanaba en la mecedora de mi abuela, me sentía plantado. El crujir del sillón me era tan familiar como el sonido de su voz. Sentado al lado de la ventana como ella solía hacer, escuchando las conversaciones en español que me llegaban de la calle, lo que sentía era más que felicidad —sentía bienestar, una palabra que designa la adecuación de persona y lugar: bien-estar. Experimentaba esa sensación particularmente durante las vacaciones de verano, cuando nuestras largas estadías me permitían hacerme la ilusión de que realmente estábamos viviendo en Miami. Ya no me sentía despistado porque sabía exactamente dónde estaba. Ya no me sentía sólo porque estaba rodeado de parientes.

Todo estaba en su lugar: mis padres en los bajos, los tíos y las primas a unas cuadras, el diario en español en la puerta y la bodega en la esquina.

Uno de los puntos culminantes de nuestros veranos en Miami eran los cumpleaños de los niños, que celebrábamos juntos. Si Nochebuena es una fiesta invernal para los mayores, para nosotros los cumpleaños eran la festividad estival para la gente menuda. Los *birthdays* de los americanos tienden a ser reuniones sólo para niños que no interrumpen la rutina de la familia; el *birthday child* o niño homenajeado invita a cuatro o cinco amiguitos y se pasan un par de horas en la piscina o la pista de patinar. Entonces soplan las velitas, comen un pedazo de cake y regresan a sus casas. Pero nuestros cumpleaños, los que celebrábamos en Cuba y seguimos celebrando en Miami, eran acontecimientos de largo metraje para toda la familia. La fiesta empezaba a las dos o las tres de la tarde y no terminaba hasta las nueve o las diez de la noche. Si los niños tenían sus juegos y su cake, los mayores tenían su música, sus cangrejitos y dulces, y sus tragos. Y todos teníamos la piñata, cuyas cintas de colores eran símbolos concretos de los lazos que nos unían.

Es que para nosotros, como para otros hispanos, los cumpleaños eran motivo de regocijo no sólo para el niño, sino para toda la familia. Al centrar la fiesta en el agasajado, los americanos parecen afirmar la individualidad del niño, su autonomía. Por eso la expresión *birthday child*, que destaca a un solo miembro de la familia, no existe en español. El cumpleaños de cada miembro de una familia cambia a toda la familia, que ahora tiene un año más. Igual sucede con las muertes y las bodas, que también repercuten en toda la familia. A mí me enseñaron que se debe felicitar a padres y abuelos en los cumpleaños de los niños, y que se debe felicitar a los hijos el día de las madres y de los padres. Cuando David y Miriam eran más jóvenes, a veces se me olvidaba la diferencia en costumbres y felicitaba a los padres de sus amiguitos norteamericanos por los cumpleaños de sus hijos. Cada vez que lo hacía, me miraban como si yo estuviera loco. Poco a poco fui comprendiendo que el individualismo norteamericano determina también la manera en que se celebran los cumpleaños. En este país se nace solo, se vive solo, se muere solo, y hasta se cumplen años solo.

Durante esa época de constantes viajes a Miami, vivir en Chapel Hill era aguantar la respiración. Escapábamos a Miami para desahogarnos. La comunidad de exiliados nutría nuestras nostalgias, aliviaba y alentaba mi soledad. La Sagüesera era como una piñata inagotable. En el Versailles o en Dadeland me encontraba con amigos y conocidos que estaban en Miami por la misma razón, para curar la asfixia de no vivir entre cubanos. Un amigo de mi padre decía que él venía a Miami todos los meses a darse "inyecciones de cubanicilina." Varios días de cubanía y cubaneo le daban varios meses de inmunidad contra el virus de la asimilación. Después de que pasaba el efecto, nos dirigíamos una vez más a Miami para pasar otra Nochebuena, otro cumpleaños, para vacunarnos con picadillo y reuniones familiares y música criolla.

⌒⊙᠖⌒ ⌒⊙᠖⌒ ⌒⊙᠖⌒

Pero a pesar de todas las lecciones de idioma cubano, de todos los pósters nostálgicos, de todos los cumpleaños y las Nochebuenas, de las constantes dosis de cubanicilina, mis hijos no han salido cubanos. Con el tiempo, mi proyecto de cubanización fue perdiendo vigor. A medida que ellos fueron creciendo, el lenguaje de la casa cambió imperceptiblemente. Poco a poco empezamos a hablar más y más inglés. Una vez que comenzaron a pasarse el día entero en la escuela, me parecía injusto exigirles que relataran en español sucesos que habían acontecido en inglés. Si no quería limitar los temas de conversación, tenía que permitirles que me hablaran a veces en inglés. Puesto a escoger entre lenguaje y comunicación, opté por la comunicación. Además, me preocupaba que hablar sólo español en casa iba a crear un corte demasiado tajante entre lo público y lo doméstico. En Miami, el español es un lenguaje de la calle, pero no así en Chapel Hill, donde si alguien te oye decir "¿qué hubo?," se piensa que estás hablando en chino. Me preocupaba el impacto que tendría en mis hijos oír a sus padres hablar un idioma distinto al del resto del mundo. Aunque quería que David y Miriam se criaran como cubanos, temía criar muchachos que, como yo, no se sintieran en casa en su casa. No quería que les pasara a ellos lo que me había pasado a mí. No quería que vivieran despistados en su propio país.

Algo parecido sucedió con la cultura cubana. Mientras fueron pasando los años, los viajes a Miami se hicieron menos frecuentes o más breves; los primos fueron reemplazados por amigos; los cumpleaños cubanos dieron paso a *sleepovers* americanos; y los boleros y guarachas que ponía en el estéreo empezaron a alternar con *rock* y *rap*. Aunque no promoví estos cambios, tampoco los combatí. Me dejé llevar por ellos, sabiendo a medias de que al hacerlo estaba cambiando el rumbo de mi propia vida. Entonces llegó un día cuando me percaté de que había abandonado mi proyecto de recrear a Cuba en Chapel Hill. Mi afán alfabético de engendrar ABCés no había tenido éxito. Cuando mis hijos cumplieron siete u ocho años, hablaban inglés y pensaban como americanos. Y entonces vino mi divorcio, que los alejó aun más de la cultura de mi patria.

A veces siento que debí haberme esforzado más para que mis hijos conservaran mayor parte de su herencia cubana. Cuando sus abuelos llaman de Miami y después de saludarlos en español, David y Miriam cambian para el inglés, me remuerde la conciencia. En momentos así me juro que voy a empezar a hablarles español otra vez, pero después se me olvida hacerlo. En tanto miembro de una generación intermedia, mi obligación es construir puentes, tender vínculos, pero en vez de hacer un puente entre mis hijos y sus abuelos, a veces me parece que he cavado una fosa.

Confieso que me da tristeza —y hasta un poco de vergüenza— confesar que mis hijos no son cubanos. En el mejor de los mundos, ellos y yo nos pareceríamos más, pero en el mejor de los mundos, tampoco habría exilio. Sin embargo, el que pierde a veces también gana, pues entre mis hijos y yo ha pasado otra cosa, algo que yo no esperaba: aunque yo no los he criado como cubanos, ellos me han ayudado a sentirme americano. Antes de que David y Miriam nacieran, yo me desentendía de lo que sucedía en este país. Casi no leía periódicos, ignoraba la política, nunca había votado. Me consideraba un visitante, un hombre de paso, un residente sin ambición de permanencia. Mi presente era mi pasado, mi pasado era mi futuro, y mi futuro era Cuba.

Después de ser padre, y en especial después de vivir un par de años solo con mis hijos cuando estaba entre matrimonios, me di cuenta de que no es saludable vivir de paso. Y tampoco es saludable para un niño tener un padre que está entregado al exilio como si fuera una vocación. Afortunadamente, los hijos pueden empujar a los padres más tercos más allá de sí mismos. Para mí, el ser norteamericano es un herencia al revés, que pasa de los jóvenes a los mayores, de hijos a padres. Yo le he dado pedacitos de Cuba a mis hijos, y ellos me han correspondido creándome un lugar en este país. Mediante estos regalos recíprocos hemos encontrado un término medio entre el exilio y la asimilación. A la par que ellos han ido creciendo, yo he crecido también. Mi crecimiento no me ha alejado de Cuba, pero sí me ha acercado a la cultura norteamericana. A través de mis hijos he aprendido que el exilio puede ser una fatalidad, pero que no tiene que ser un destino.

Aunque ellos no lo sepan, David y Miriam me han dado la oportunidad y el aliciente de ir más allá de mis limitaciones. Por ellos he llegado a conocer mucho mejor el país donde resido. Ya Tennessee y Alabama no me parecen parajes temibles. Mi amiga Isabel, que nació en Sagua la Grande pero que vive en Massachusetts, dice que aprendió historia de Estados Unidos cuando trabajó de maestra voluntaria en la escuela de su hijo. A mí me ha sucedido lo mismo.

Al contrario de lo que solía hacer, ya no le exijo a mis hijos que sean cubanos. No es preciso que vean árboles en vez de *trees* ni que se emocionen con el ritmo sincopado de las claves. Me basta que comprendan y estimen mis costumbres y mis manías, que mi patria sea para ellos una presencia cordial. David y Miriam no son ABCés sino CBAes: *Cuban-Bred Americans*, americanos aplatanados. Aunque les cueste trabajo menear las caderas y pronunciar "carro" o "ferrocarril," se han criado entre gente que sí lo saben hacer. Para mí sería desconsolador que ellos no entendieran mi música o que despreciaran juicios o prejuicios que me son indispensables. Pero no es así. Cuando uno de sus amigos o amigas entran en casa y oyen la música que sale del estéreo, a veces reaccionan con sorpresa—*What's that?*—como si el resonar de maracas y bongóes fuese un fragor de otro planeta. La contesta de mis hijos es decirles con naturalidad — "Ah, ése es Willie Chirino, un cantante cubano que le gusta a mi padre."

Es más, a medida que David y Miriam han ido madurando, más se interesan en Cuba. Ya en el umbral de la adolescencia, a David le gusta sobresalir de sus amigos, y Cuba le da una razón. Cuando se aparece en los bailecitos de *junior high* con una camisa de seda en vez de una camiseta de algodón, le dice a sus amigos, "es mi estilo cubano." En sus clases prepara proyectos comprobando el fracaso de la revolución castrista— proyectos que por lo general no les hacen mucha gracia a sus maestros. Por mucho tiempo una de sus canciones favoritas era "Macho Pérez," cuya letra se aprendió de memoria sin darse cuenta de que la canción criticaba el machismo. Y el año pasado por el día de los padres me compró una tarjeta que por fuera decía, "Esta es una tarjeta de felicitación para un auténtico MACHO," y por dentro tenía el dibujo de un gorila. La firmó, "Macho Pérez II." En otras ocasiones, muestra con orgullo sus ciento cuarenta y tres postalitas de José Canseco, o se jacta de que sabe maldecir en español.

A diferencia de su hermano mayor, Miriam no necesita exhibir sus raíces para saber quién es. Conoce la diferencia

entre lo práctico y lo posible, y vive en el ámbito de lo práctico.
Puede habitar una cultura sin identificarse con ella. Aunque
sabe bien que su padre y su madre son exiliados, el exilio no le
atañe directamente. Miriam no podría ser exiliada, pues vive
con los pies firmemente plantados en la tierra, mientras que
nosotros los exiliados tenemos los pies en las nubes y la cabeza
metida en la tierra. Como cualquier niño, Miriam elabora fantasías y ensueños, pero no es ni ave ni avestruz. Más curiosa
que su hermano, a veces hace preguntas sobre mi niñez en La
Habana, y de vez en cuando le da por decir unas frases en
español. Pero su curiosidad no surge de su absorción en sí
misma sino de su interés por sus padres. Miriam no necesita a
Cuba, pero se da cuenta de que ellos sí.

Una noche estábamos los dos sentados en el sofá de la
sala. Yo tenía las piernas entrelazadas, mientras escribía en
un cuaderno. Miriam estaba leyendo otra novela de la serie
del *Baby Sitters Club*. De pronto me dice:

—No cruces las piernas así, Papi, que no es "macho."

Se me ocurre contestarle:

—Pero si cruzo las piernas de este modo tengo donde des-
cansar mi cuaderno.

—No importa, Papi. Eso no es "macho."

Miriam pronuncia "macho" a la americana— "mashou."

—¿Quién dice, Miriam?

—Lo digo yo —dice Miriam.

Y no hay nada más que hablar, pues Miriam tiene razón.
Cuando yo era niño, los hombres no cruzaban las piernas
entrelazándolas. Descansaban un tobillo sobre la rodilla
opuesta, dando a entender que no había nada que tapar o disimular. Recuerdo mi desconcierto cuando empecé a observar—
habrá sido a principio de los años sesenta —que los hombres se
estaban sentando "como mujeres." Aún hoy en día, si noto que
estoy sentado de la manera "equivocada," cambio de posición.

Por supuesto, Miriam no se da cuenta de nada de esto,
pero sí sabe que yo trato de comportarme de acuerdo con un
código de conducta que la sociedad norteamericana tacha de

"machista." Ella no está de acuerdo con el machismo —o por lo menos con lo que entiende por machismo— pero intuye que el concepto es importante para mí. Mientras que David muestra su afecto por mí a través de remedos exagerados, Miriam lo muestra al acreditar gestos y valores que le son inaplicables o inoportunos. Su apoyo es tan crucial como el de su hermano. Si David me copia, Miriam me sostiene. No me hace falta que ella comparta mis juicios o prejuicios; pero sí necesito que los entienda y tolere, aun cuando choquen con creencias promulgadas por sus maestras y amiguitas.

Hace poco regresó del colegio una tarde repitiendo el vocabulario geográfico que había aprendido ese día en la clase de español, palabras como isla, istmo, península, continente. Yo le dije:

—Miriam, quiero comprobar si aprendiste bien la lección. Vamos a ver, ¿cuál es la isla más hermosa del mundo?

Se sonrió pícaramente, y sin vacilar ni un segundo, me contestó, en su mejor acento español:

—Cuba.

No dijo "quiuba," como los americanos, sino Cuba, como los cubanos. Toda mi reserva machista desapareció al instante. Me derretí con la rapidez de un helado de mamey en Miami. Una Cuba en español de Miriam vale por mil palabras de amor en inglés. Al darme la respuesta que yo anhelaba en el idioma en que yo quería escucharla, me decía, "Te conozco, Papi. Sé que tienes todas esas ideas raras y que a veces te pones bravo o triste y entonces dices que no perteneces aquí. Pero tú sí perteneces aquí, Papi. Aquí mismo en esta casa. Y esa Cuba de la cual siempre estás hablando también tiene un lugar aquí. Ya ves, Papi, hasta sé pronunciarla igual que tú —Cuba."

A veces cuando estamos sentados a la mesa y yo estoy abstraído o distraído, navegando en mares de locura u océanos de nostalgia, Miriam me devuelve a la realidad con seis palabras —*Earth to Papi, Earth to Papi*. Es su manera de decirme —Papi, bájate esa nube. A la vez que se burla de mí, me está tirando un ancla. Lo opuesto de destierro no es entierro sino aterrizaje. La frase burlona de Miriam me recuerda que el mayor bien que puedo hacerles a ella y a su hermano es vivir en el presente, estar aquí. Ya no hay manera de recuperar los años que mi familia perdió en Miami, y mucho menos de recuperar lo que perdimos en Cuba. Pero sí estoy a tiempo de garantizar que no pasará lo mismo con mis hijos. Puedo impedir que ellos también vivan a la espera de un futuro que nunca llega. Cuando me harto de vivir entre americanos, cuando me pongo furioso con este país, cuando me entran ganas de mandarlo todo al diablo —en esos momentos escucho la vocecita de Miriam susurrándome al oído, *Earth to Papi, Earth to Papi.*" Sus palabras me calman, me asientan, me ayudan a tolerar el exilio.

⌘⌘ ⌘⌘ ⌘⌘

Miriam, David, Chris, Jen, Mary Anne, y yo —nosotros formamos lo que se ha dado por llamar una "familia mezclada," o sea, una familia con hijos de más de un matrimonio. No obstante, en vista de nuestras enormes diferencias, a veces me pregunto si los ingredientes de la mezcla pegan de verdad. No sé si estamos mezclados o confundidos.

Chris y Jen, los hijos de Mary Anne de su primer matrimonio, tienen veinte y veinticuatro años. Como Jen trabaja en Washington y Chris asiste a una universidad, no han vivido seguidamente con nosotros más de unas semanas. Pero con el tiempo los he llegado a conocer bastante bien. Mantenemos una relación intensa pero callada. Ya que su madre dejó a su padre por mí —¡dominé!— es natural que me traten con cautela. Yo soy el intruso, el otro, el *Latin lover* que desbarató su hogar feliz. A pesar de que en el fondo no nos entendemos, sentimos una especie de fascinación mutua. A mí me agrada su aspecto físico —altos, delgados, con los ojos claros y el pelo rubio— y me intriga su manera de vestir y comportarse. Ninguno de los dos usa ropa cara o joyas. Jen compra sus combinaciones en *The Gap* o *Casual Corner* y Chris prefiere *jeans* y camisetas que obtiene por un dólar en el *PTA Thrift Shop*. Jen es fanática de Jimmy Buffett, mientras que Chris es un *deadhead*, ávido seguidor de la banda de rock "The Grateful Dead."

Cuando sus padres se divorciaron, lo tomaron con aparente calma. Nada de llamadas histéricas a todas las horas de la noche, o amenazas, o acusaciones de abandono. No intentaron convencer a Mary Anne de que volviera a Edward. A diferencia de mi madre, ninguno de los dos le prendió una vela a San Judas Tadeo, el patrono de los casos desesperados (Jen y Chris no sabrían quién es Judas Tadeo). Criados en la estela de los años sesenta, pertenecen a esa generación de jóvenes que no ponen en tela de juicio la conducta de los demás. Cuando Mary Anne y yo nos casamos, después de un par de años de tormentas y tormentos, fueron testigos de la boda. Lo cual no quiere decir, sin embargo, que aprueben mi manera de ser. En cierta ocasión Chris le dijo a Mary Anne que todo lo que yo hacía era trabajar y bailar (Chris ni baila ni trabaja.) Mis ideas conservadoras les molestan, y mi "machismo" también. Más de una vez nos hemos enfrascado en acaloradas discusiones sobre política o conducta. Una vez me enviaron una tarjeta de cumpleaños que rezaba, "El amor no domina, cultiva." En la portada había un dibujo de una flor. Desde mi punto de vista, claro, el amor no tiene nada que ver con la agricultura.

Como yo irrumpí en sus vidas cuando ellos ya estaban crecidos, no sé si llegaremos a intimar de verdad. Sospecho que para ellos yo seré siempre el esposo de su madre en vez de su padrastro, y que para mí ellos serán los hijos de Mary Anne en vez de mis hijastros. Con todo, tratamos de establecer vínculos. Chris está aprendiendo español en la universidad; Jen y su novio se han apuntado para tomar clases de salsa. De vez en cuando, buscando territorio en común, mencionan algo que guarda alguna relación conmigo. Jen llama por teléfono para decirme que Jimmy Buffett ha sacado una canción titulada,

"Everybody Has a Cousin in Miami" (a ella no se le ocurre que, según el concepto latino de familia, ahora ella también tiene primos en Miami). Chris me habla de su amigo Jaime, que es colombiano. Cuando viene a comer, trae a sus amigas a conocer al esposo de su madre, un cubano pintoresco que se parece un tanto a Ricky Ricardo.

Por mi parte, me sorprende notar que Mary Anne y su familia son los primeros americanos que he llegado a conocer bien. A pesar de que llevo más de treinta años en este país, antes de casarme con ella lo que sabía de los americanos lo había aprendido de segunda mano —en libros o a través del cine o la televisión. Para mí, como para otros exiliados, la insularidad no es sólo un dato geográfico sino una forma de vida, parte de la condición cubana. Todos mis amigos siempre han sido cubanos. Por muchos años, el único americano en mi familia era Jeff, el esposo de una de mis primas.

A veces cuando me reúno con mis hijastros y sus compañeros, me parece que estamos escenificando una comedia, algo así como un episodio de *I Love Lucy* para la década de los noventa. Imagínense que, antes de conocer a Ricky, Lucy había estado casada y había tenido dos hijos. Figúrense que Ricky estuvo casado en Cuba y que también tiene hijos de su primer matrimonio. En los papeles de los vecinos, Fred y Ethel, pongan a la hermana *hippie* de Mary Anne y a su marinovio, que enseña diseño gráfico y tiene una cola de caballo que le baja hasta donde la espalda pierde su nombre. En vez de residir en un apartamento de Nueva York, la familia vive en un suburbio en Carolina del Norte. Y en vez de ser cantante en un cabaret, Ricky es profesor de español en una universidad.

Entonces ocurre la siguiente escena:

Una de esas noches cuando nos hemos juntado en mi casa, estoy sentado en la mesa del comedor esperando a que se organice la cena. David baja de su cuarto balbuceando algo así como, "*Come on, baby, drive me crazy. Come on baby, drive me crazy.*" Me imagino que es la letra de alguna canción de *rap*, su música predilecta. Tiene puesto un par de Umbros negros, y una camiseta de jugar baloncesto con el número de Michael Jordan. En la cabeza, una gorra de pelotero, al revés por supuesto. Miriam, que se ha recogido el pelo en una brilloso y pulcro moño, tiene puesto uno de sus vestidos de salir, que es rosado y negro. Luce dulce y dócil, pero las apariencias engañan. Mi hijastro Chris se aparece en bermudas recortados (otrora fueron pantalones de salir) y sandalias sin medias. Tenemos un acuerdo de que si viene a comer a casa debe lucir un poco mejor, pero nunca lo cumple. Su novia, Kim, viste unos *jeans* que no se le caen gracias a un grueso cinturón negro con la hevilla plateada. Me entretengo tratando de verle el ombligo, donde tiene un arito de oro. Jen y su novio se visten al estilo *preppy*. Están de mal humor porque han dejado de fumar por enésima vez y se pasan la noche refunfuñando.

La *lingua franca* de la mesa es el inglés, o al menos esa variante usada por la gente joven caracterizada por la tendencia al monosilabismo —*yep*, *nope*, *rad*, *cool*. La única palabra de más de una sílaba que parece gustarles es *awesome*. En algún momento yo digo algo en español, en parte para recordarles que no estoy pintado en la pared y en parte porque no me acuerdo cómo se dice mantel en inglés (Mary Anne me informa que la palabra es *tablecloth*). A pesar de la diversidad cultural e idiomática, todos estamos comiendo comida cubana. Mis esposa, que dice ser cubana honoraria, ha preparado quimbombó, arroz blanco con okra y jamón. Halló la receta en uno de sus siete libros de cocina cubana. Hace treinta años que yo no como quimbombó —desde Cuba. A los muchachos no les gusta el sabor, pero les encanta el nombre, que consideran *rad*, o sea, chévere. Mientras el plato de servir pasa de mano en mano, empiezan a repetir el nombre —"quimbombó, quimbombó, quimbombó." Lo dicen como si estuvieran haciendo una ofrenda a la deidad afro de las familias mezcladas: "Quimbombó, quimbombó." Al repetirse, la palabra padece una extraña transculturación, se empieza a americanizar. En

unos minutos, "quimbombó" se ha transformado en *King Bobo*.
Y según Miriam, cariñosa pero vivaz, yo soy el Rey Bobo.

—*King Bobo the First*—dice—, *King of Cuba*.

Que me digan bobo, no importa. Esta noche estoy tranqui-
lo porque ya me he bebido un par de "mojitos." King Bobo me
viene perfectamente bien. Hoy no habrá expresiones o explo-
siones de tristeza tropical o *angst* cubano. Hoy King Bobo se
dejará de boberías. La varilla con la cual revuelvo el trago es
mi cetro. Con él, decreto bienestar para todos. Esta casa es
nuestro lugar y nuestro hogar —el mío y el de Mary Anne y el
de nuestra abigarrada prole. Están todos los que son y son
todos los que están.

Sin embargo, no se me escapa la rareza de la escena.
Cuando nací en un hospital de La Habana hace cuarenta y
cuatro años, nadie le podía haber dicho a mi padre que su primogénito acabaría casado con una americana que se pasa las
tardes cultivando hierbabuena y buscando recetas de quimbombó en los prontuarios de Nitza Villapol. Otra cosa que él
no hubiera previsto es que sus nietos se criarían a más de
ochocientas millas de su casa, y que cuando hablara con ellos
por teléfono David le espetaría, "*Dang*, Abuelo, ¿no te pareció
que anoche Canseco estuvo *awesome*?"

Después de la cena, la familia Pérez se disgrega. Chris y
Kim se van para el cine; David y Miriam se dirigen al televisor; Jen y su novio suben a su dormitorio para continuar la
bronca que iniciaron esa tarde; y Mary Anne y yo nos sentamos en el portal para escalpar el último de los mojitos. Si me
atengo a la definición tradicional de una familia, no sé si este
agridulce cocktail de hijos e hijastros cuenta. Para bien y para
mal, la familia ha de ser pegajosa, implacable —un crisol de
cariños y rencores. Esta intermitente mezcla no es así. Aquí
no hay grandes odios ni grandes afectos. Aquí no hay gritos de
rabia o de júbilo. Ni siquiera celebramos juntos nuestros
cumpleaños. Igual que el humo de mis tabacos, nos unimos
fugazmente y después nos dispersamos. Mañana por la noche
todos estos muchachos cenarán con otros padres y padrastros

y dormirán bajo otros techos. Esto a mí me desorienta, y quizás a ellos les suceda lo mismo. No sé cómo mis hijos se han podido acostumbrar a vivir con dos de todo —dos casas, dos camas, dos frazadas, dos cepillos de dientes, dos direcciones, dos números de teléfono. Sus vidas están tan escindidas como la mía. ¿La mía es una familia o una post-familia?

¿Y que pasará con David y Miriam? ¿Seguirán siendo lo bastante cubanos para mí? No lo sé, pero haré lo posible para que nos sigamos acompañando, en español o en inglés. Como todos los padres, tengo grabado en la memoria el primer día de colegio de mis hijos. Recuerdo haber visto a David bajarse del carro y subir por la rampa de la entrada, con la lonchera en una mano y la pequeña mochila en la espalda. Lucía solo e indefenso. En ese momento me dije, "Ahora sí que lo voy a perder para siempre. Ahora va a dejar de parecerse a mí." Cuando Miriam entró al primer grado, pensé lo mismo —que me dejaba para siempre y se pasaba al bando enemigo. Al verla alejarse indecisamente, con la timidez típica de los niños el primer día de colegio, me vino a la mente el niño que yo fui una vez, el que me había visto abordar el *ferry* y partir, y me pareció que un ciclo se cumplía ese día. La travesía que comenzó una mañana de octubre en La Habana concluía otra mañana, muchos años después, en un lugar muy lejos de Cuba. Hubiera deseado que las partidas culminaran en regresos, que nuestras vidas trazaran círculos restringidos. Pero no ha sido así. Lo que necesito creer, lo que no puedo vivir sin creer, es que cuando David y Miriam subieron por la rampa de la escuela, me llevaron consigo. Un exilio por vida basta. No pienso quedarme del otro lado otra vez.

EPÍLOGO
Me voy y me quedo

¿Qué papel juegan Cuba y la cultura cubana en mi vida diaria? En una semana típica, escribo tres o cuatro cartas en español. Cuando no estoy en clase, hablo español mayormente con mis padres y algunos amigos —quizás un máximo de dos o tres horas a la semana. De vez en cuando le digo algo en español a Mary Anne o a mis hijos, mas ellos generalmente me responden en inglés. Leo más libros en inglés que en español, y escucho música americana casi tanto como música cubana. Cuando redacté la versión original de este libro, el idioma inglés me pareció insuficiente, incompleto, como un diccionario al cual le faltaran letras. Pero ahora que lo he vuelto a escribir en español, me ha sucedido lo mismo. Hay un sinfín de cosas —desde la avena que desayuno hasta la autopista donde viajo a Miami— cuyo nombre para mí está en inglés. No es avena, es *oatmeal*; no es autopista, es *expressway*. Mary Anne no es la madrasta de mis hijos, es su *stepmother*. Yo no soy un cuarentón, soy *middle-aged*. En muchos de sus detalles externos, mi vida es prácticamente indistinguible de la de un norteamericano.

No obstante, cualquiera que visite mi casa se percata en seguida de que no soy de este país. Empezando con la chapa del carro —QUÉ RICO— y la alfombra con dibujos de palmas reales en la puerta de entrada, los recordatorios de Cuba están por todas partes. Encima de los estantes de la cocina, tengo una fila de velas de santería y una estatua de la deidad afrocubana de la cual soy medio devoto —Eleguá, el dios de los caminos, el que abre y cierra puertas. Igual que en el hogar que compartí con Rosa, en las paredes de la sala y el comedor cuelgan pósters y cuadros cubanos —lienzos de pintores como Humberto Calzada y Arturo Cuenca, retratos del Miami Sound Machine y Willie Chirino, dibujos de paisajes, una carta autógrafa de Desi Arnaz, una portada de *Bohemia*. Casi todos los estantes en mi despacho están ocupados por libros en español, y en la pared tengo un mapa antiguo de Cuba. Cada vez que voy a Miami, dos o tres veces al año, regreso con más recuerdos y recordatorios de mi patria.

¿La ubicuidad de estos objetos convierte a mi casa en un hogar cubano? ¿En un hogar cubano-americano? Es cierto que no considero esta casa un pedacito de La Habana en Chapel Hill, como solía hacer antes. Situada en una pequeña colina, con tantas ventanas como paredes, este hogar está demasiado expuesto para ser asilo. Por las noches, cuando todas las luces están prendidas, me hace pensar en un crucero, o en el arca de Noé después del Diluvio, descansando en la cima de un monte. Diseñada para dejar entrar la luz, esta casa no sirve de escondite o guarida. Es más vitrina que nido, más mirador que refugio. Aquí no le puedo dar la espalda al mundo. No tengo más remedio que ver y ser visto.

A veces pienso que si viviéramos en una de esas casitas blancas de arquitectura mediterránea en Coral Gables, o a lo mejor en una amplia residencia en el Reparto Kohly de La Habana, no me sentiría más cubano de lo que me siento en este momento, sentado en mi despacho, mirando el césped que necesito cortar, los matorrales donde de vez en cuando aparece un venado, y la centenaria cabaña de madera situada más allá de los árboles. Tal vez en La Habana o en Coral Gables me sentiría más a gusto, más a tono con mi medio ambiente; estaría menos aislado, pero no me parecería más a mí. Soy quien fui, irremediablemente. Podré cambiar ciertos rasgos, pero no puedo rehacerme. Nadie nace de viejo. El hábito hace al monstruo. *The* manía *makes the man*.

En eso sí que me parezco bastante a mi padre. Al contrario de lo que pensé alguna vez, la identidad de una persona no depende de los cuadros que cuelgan de sus paredes, de la mujer u hombre que comparte su cama, de la comida que sirve en su mesa o de los árboles que contempla a través de sus ventanas. Puesto que Cuba es mi pasado, es también mi presente y mi futuro. Vivir como exiliado en Estados Unidos puede ser una bendición o una maldición, pero no es una elección. La asimilación es una alternativa sólo para aquellos que ya están asimilados.

Pero todo lo que acabo de afirmar sobre mis vínculos cubanos lo puedo repetir a propósito de mis lazos con Estados Unidos. Podría volver a escribir los párrafos precedentes enumerando todos los objetos en mi casa que de alguna manera me conectan con este país —desde la banderita que tengo sobre el escritorio hasta el carnet de votar que guardo en la billetera. Soy demasiado cubano para ser americano pero demasiado americano para ser otra cosa. Para gente como yo, dividida y multiplicada a la vez, la verdad siempre se reviste de paradojas: que nuestro exilio ya ha terminado, y que nuestro exilio nunca terminará; que no hay exilio que dure cien años, y que no hay exiliado que lo resista. A veces me jacto de esta duplicidad, otras veces me harto de ella, pero así soy: yo y *you* y tú y *two*.

No sé si a otros exiliados o inmigrantes les pasará lo mismo, pero a menudo me hago la idea de que tengo dos personalidades. Una en Chapel Hill y otra en Miami; una dentro de la clase y otra fuera de ella; una cuando escribo en inglés para mis colegas y otra cuando hablo en español con mis padres y mis amigos. Cambiante como el camaleón, variable como la veleta, soy "Gus" o "Gustavo," "Pérez" o "Prez." A la vez *new age* y medio tiempo: un americano precavido que merienda yogurt sin grasa y un cubanazo improvidente que se embute de pastelitos y fuma tabacos. Esos dos hombres no parecen la misma persona, pero lo son, pero lo soy.

Conozco a muchos cubanos de mi edad que nunca han salido de Miami. Viven cómodos y contentos abrigados por el calor y el sabor de la llamada "capital del exilio." Yo viví así por años, y a veces todavía ansío volver a ese estilo de vida. Pero en verdad no sé si podría hacerlo. Aunque Miami es la única Cuba que conozco bien, me cuesta trabajo imaginar cómo hubiera sido mi vida si nunca hubiera partido. Me temo que de haberme quedado en Miami seguiría estancado en el pasado, igual que mi padre. Me temo que viviría con la ilusión de que hay regreso y de que Cuba importa, cuando los acontecimientos de los últimos treinta años demuestran hasta la saciedad lo poco que Cuba le importa a nadie —ni siquiera a nosotros los cubanos.

Y sin embargo, después de todo lo que mi familia ha padecido en el exilio, ¿cómo puedo creer que irse es mejor que quedarse, que el tránsito es preferible a la inmovilidad? El exilio puede ser una rampa de acceso o un callejón sin salida; mas dudo que sea una ruta que termina donde comienza. En diciembre del 1993 los periódicos de Miami publicaron la esquela de defunción de Paul Hernández, un veterano de Playa Girón. Treinta y dos años antes, durante el desembarco en Bahía Cochinos, Hernández había recibido un herida en la cabeza. Desde entonces había padecido de ataques de epilepsia, uno de los cuales ocasionó su muerte, más de tres décadas después de la lesión original. Hay heridas que no sanan, ¿verdad? Tal vez el único regreso sea hacia dentro, y no hacia atrás.

Después de escribir el mismo libro dos veces, la primera en inglés y ahora en español, todavía no sé dónde anclarme. Al redactar la versión en inglés, quise convertirme en americano. Al traducirlo al español, me siento más cubano que nunca, y sospecho que si lo hubiera escrito primero en español, el libro hubiera salido muy distinto. Cuba es mi patria, pero Estados Unidos es mi país. Patria es una palabra rara, ya que combina una raíz masculina (de *pater*, padre) con una desinencia femenina, como si el suelo que nos vio nacer fuese a la vez madre y padre. Por lo tanto, cuando digo que Cuba es mi patria, estoy aludiendo a mi linaje, estoy nombrando mi lugar de origen. La otra palabra, país, no tiene que ver con linaje sino con localidad, ya que desciende del latín *pagus*, que significa distrito o pueblo —lo que en algunas partes de Hispanoamérica se llama, precisamente, pago. De modo que si nuestra patria nos vuelca hacia el pasado, nuestro país nos coloca en el presente. Para el exiliado de muchos años, patria y país no coinciden. Cuba ha dejado de ser mi país, pero siempre seguirá siendo mi patria. Estados Unidos no puede ser mi patria, pero se ha convertido en mi país.

Siento hacia Cuba el cariño insobornable que se siente hacia un padre o una madre. Siento hacia los Estados Unidos el cariño no menos profundo pero voluntario que se siente hacia un esposo o una esposa. No puedo dejar de querer a Cuba; tal vez podría dejar de querer a los Estados Unidos, como podría dejar de querer a mi mujer, pero no veo qué ganaría al intentarlo. Aunque mi relación con Estados Unidos ha tenido sus altibajos, también ha hecho posible algunos de los momentos más felices de mi vida.

ও৯ি ও৯ি ও৯ি

Me hice ciudadano norteamericano en 1977, más de quince años después de llegar de Cuba. Diez años más tarde, me inscribí para votar. Un sábado por la tarde estaba en un *mall* de Chapel Hill durante una campaña para aumentar el número de votantes. Por parejería, me acerqué a la mesa de inscripción y me apunté en el partido republicano. Pero lo hice sin ninguna intención de ejercer mi nuevo derecho. Eso de votar era para los americanos, no para mí.

Durante los últimos cuatro o cinco años, como parte de mi proyecto de plantar pies y sentar cabeza en Estados Unidos, he pensado en votar varias veces. Aunque sé que mi voto no cambiará en lo más mínimo la historia de Estados Unidos, el acto de votar se ha convertido para mí en un símbolo crucial de ubicación. Si voy a comportarme como americano, tengo que votar. Si quiero vivir pensando en el mañana y no en el ayer, tengo que votar. Si voy a darles buen ejemplo a mis hijos, debo votar. Cuando estaba en el sexto grado, Mrs. Myers siempre insistía en el deber de todo norteamericano de ejercer el derecho al voto.

Durante las elecciones presidenciales de 1992, me pareció que había llegado el momento propicio. Después de muchas horas de discusiones acaloradas con Mary Anne —demócrata de por vida— decidimos ir juntos a las urnas, así subsanando desavenencias personales y diferencias políticas. Pero cuando llegó el primer martes de noviembre, se me complicó el día y ninguno de los dos votó por nuestro candidato. Aunque no le dije nada a Mary Anne, sabía que yo había claudicado no por razones de logística sino de lealtades. A fin de cuentas, no pude decidirme a participar en el proceso político de este país.

El mismo dilema se presentó otra vez hace pocos meses, a propósito de elecciones para la junta escolar. Mis hijos asisten a escuelas públicas en Chapel Hill. Como muchos padres, estoy decepcionado con la calidad y la orientación de la enseñanza que reciben. Más que nunca me pareció que mi deber era votar. Ya les había mentido a David y Miriam cuando les dije que sí había votado en las elecciones presidenciales, y no quería engañarlos otra vez. En este caso, votar era un deber de padre, y no sólo de ciudadano. Para poder hacerlo sin remordimiento, me convencí de que no importaba si participaba en elecciones locales con tal de que me abstuviera en justas nacionales. Después de todo, Chapel Hill es mi pago, mi pueblo. Si cumplo con mi pueblo, cumplo con mi país y no traiciono a mi patria.

Pero la mañana de las elecciones, cuando Mary Anne y yo estábamos a punto de partir para las urnas, claudiqué otra vez. Habíamos discutido y escogido nuestros candidatos —¡todos los mismos!— y aun así me rajé. Primero me puse bravo, como si Mary Anne tuviera la culpa de mi congoja. Entonces me oí decir: "No puedo hacerle esto a mi padre. Yo no soy americano, soy cubano." Me oí decir: "Chapel Hill no tiene nada que ver conmigo. Este no es mi país y nunca será mi país." Increíblemente, hasta me oí decir: "Yo no quiero vivir aquí; quiero volver a Cuba."

Varios meses antes, durante nuestras vacaciones de verano en Miami, me había pasado dos semanas pegado al televisor viendo imágenes trágicas y conmovedoras de miles de cubanos que intentaban abandonar la isla en frágiles balsas. Aunque mi situación distaba mucho de la de los balseros, esa mañana me pareció que flotaba a la deriva entre dos orillas. Había salido de Cuba a los once años, ahora tenía cuarenta y cuatro, y todavía no había arribado a buen puerto.

Cubano, americano, cubano-americano: según las circunstancias, cada uno de los marbetes me pega. He atravesado épocas cuando me he negado a escuchar nada que no fuese música cubana; he tenido otras épocas cuando la música cubana me angustiaba y quería escuchar sólo canciones de Bob Seger o los Beachboys. Estas contradicciones —si eso es lo que son— no me abandonan. Al parecer, siempre albergaré lealtades divididas. Podría pasarme el resto de mi vida tarareando *Surfin' U.S.A.* y no por ello me sentiría más asimilado. Por otra parte, podría amurallarme dentro de un Miami mental, o dentro de una Habana de concreto, y seguiría amarrado a la cultura norteamericana. En lugar de fundir Cuba y Estados Unidos, oscilo sin cesar entre el uno y el otro. Mi vida no es síntesis sino vaivén.

Esa mañana, cuando Mary Anne vio lo agobiado que estaba, decidió ir sola a las urnas. Pero antes de salir me anunció que pensaba votar por toda la familia Pérez —yo inclusive. Al quedarme solo, me levanté del sofá donde estaba tirado, fui al baño y me lavé la cara, y me encerré en mi despacho. Sentado frente a las ventanas, observando las hojas rojas y amarillas caer de los árboles, me imaginé que entraba con Mary Anne en la cabina de votar. En mi imaginación, me vi correr la cortina y halar la palanca. Aunque sabía que era una fantasía, que lo más probable era que yo nunca llegara a votar, no quería seguir dándole la espalda al mundo que me rodeaba. Ya viví demasiados años de ese modo.

Cuando llegue la hora de votar otra vez, Mary Anne y yo seleccionaremos nuestros candidatos. Entonces ella irá sola a las urnas. Pero dentro de la cabina, dos personas harán constar su voto, ella y yo.